"十四五"时期国家重点出版物出版专项规划项目

转型时代的中国财经战略论丛

# 政策不确定性、营商环境对中国企业跨地区并购的影响研究

Research on the Impact of Policy Uncertainty and Business Environment on Cross-region M&As of Chinese Enterprises

吴 倩 著

中国财经出版传媒集团
经济科学出版社
Economic Science Press
·北京·

图书在版编目（CIP）数据

政策不确定性、营商环境对中国企业跨地区并购的影响研究/吴倩著.－－北京：经济科学出版社，2023.10

（转型时代的中国财经战略论丛）

ISBN 978－7－5218－4925－7

Ⅰ.①政…　Ⅱ.①吴…　Ⅲ.①经济政策－影响－企业兼并－研究－中国②投资环境－影响－企业兼并－研究－中国　Ⅳ.①F279.214

中国国家版本馆 CIP 数据核字（2023）第 126446 号

责任编辑：于　源　姜思伊
责任校对：徐　昕
责任印制：范　艳

政策不确定性、营商环境对中国企业跨地区并购的影响研究
吴　倩　著
经济科学出版社出版、发行　新华书店经销
社址：北京市海淀区阜成路甲 28 号　邮编：100142
总编部电话：010－88191217　发行部电话：010－88191522
网址：www.esp.com.cn
电子邮箱：esp@esp.com.cn
天猫网店：经济科学出版社旗舰店
网址：http://jjkxcbs.tmall.com
北京季蜂印刷有限公司印装
710×1000　16 开　11 印张　171000 字
2023 年 10 月第 1 版　2023 年 10 月第 1 次印刷
ISBN 978－7－5218－4925－7　定价：45.00 元
（图书出现印装问题，本社负责调换。电话：010－88191545）

# 总　序



“转型时代的中国财经战略论丛”是山东财经大学与经济科学出版社在合作推出“十三五”系列学术著作基础上继续在“十四五”期间深化合作推出的系列学术著作，属于“‘十四五’时期国家重点出版物出版专项规划项目”。自2016年起，山东财经大学就开始资助该系列学术著作的出版，至今已走过7个春秋，其间共资助出版了152部学术著作。这些著作的选题绝大部分隶属于经济学和管理学范畴，同时也涉及法学、艺术学、文学、教育学和理学等领域，有力地推动了我校经济学、管理学和其他学科门类的发展，促进了我校科学研究事业的进一步繁荣发展。

山东财经大学是财政部、教育部和山东省人民政府共同建设的高校，2011年由原山东经济学院和原山东财政学院合并筹建，2012年正式揭牌成立。学校现有专任教师1730人，其中教授378人、副教授692人，具有博士学位的有1034人。入选国家级人才项目（工程）16人，全国五一劳动奖章获得者1人，入选“泰山学者”工程等省级人才项目（工程）67人，入选教育部教学指导委员会委员8人，全国优秀教师16人，省级教学名师20人。近年来，学校紧紧围绕建设全国一流财经特色名校的战略目标，以稳规模、优结构、提质量、强特色为主线，不断深化改革创新，整体学科实力跻身全国财经高校前列，经管类学科竞争力居省属高校首位。学校现拥有一级学科博士点4个，一级学科硕士点11个，硕士专业学位类别20个，博士后科研流动站1个。应用经济学、工商管理和管理科学与工程3个学科入选山东省高水平学科建设名单，其中，应用经济学为“高峰学科”建设学科。应用经济学进入软科“中国最好学科”排名前10%，工程学和计算机科学进入ESI全球排名前1%。2022年软科中国大学专业排名，A以上专业数18个，位居省属高校第2位，全国财经类高校第9位，是山东省唯一所有专业全部上榜的高校。2023年软科世界大学学科排名，我校首次进入世界前1000名，位列910名，中国第175名，财经类高校第4名。

2016年以来，学校聚焦内涵式发展，全面实施了科研强校战略，取得了可喜成绩。仅以最近三年为例，学校承担省部级以上科研课题502项，其中国家社会科学基金重大项目3项、年度项目74项；获国家级、省部级科研奖励83项，1项成果入选《国家哲学社会科学成果文库》；被CSSCI、SCI、SSCI和EI等索引收录论文1449篇。同时，新增了山东省重点实验室、山东省重点新转智库、山东省社科理论重点研究基地、山东省协同创新中心、山东省工程技术研究中心、山东省两化融合促进中心等科研平台。学校的发展为教师从事科学研究提供了广阔的平台，创造了更加良好的学术生态。

“十四五”时期是我国由全面建成小康社会向基本实现社会主义现代化迈进的关键时期，也是我校合并建校以来第二个十年的跃升发展期。2022年党的二十大的胜利召开为学校高质量发展指明了新的方向，建校70周年暨合并建校10周年校庆也为学校内涵式发展注入了新的活力。作为“十四五”时期国家重点出版物出版专项规划项目，“转型时代的中国财经战略论丛”将继续坚持以马克思列宁主义、毛泽东思想、邓小平理论、“三个代表”重要思想、科学发展观、习近平新时代中国特色社会主义思想为指导，结合《中共中央关于制定国民经济和社会发展第十四个五年规划和二〇三五年远景目标的建议》以及党的二十大精神，将国家“十四五”时期重大财经战略作为重点选题，积极开展基础研究和应用研究。



“十四五”时期的“转型时代的中国财经战略论丛”将进一步体现鲜明的时代特征、问题导向和创新意识，着力推出反映我校学术前沿水平、体现相关领域高水准的创新性成果，更好地服务我校一流学科和高水平大学建设，展现我校财经特色名校工程建设成效。我们也希望通过向广大教师提供进一步的出版资助，鼓励我校广大教师潜心治学，扎实研究，在基础研究上密切跟踪国内外学术发展和学科建设的前沿与动态，着力推进中国特色哲学社科科学学科体系、学术体系和话语体系建设与创新；在应用研究上立足党和国家事业发展需要，聚焦经济社会发展中的全局性、战略性和前瞻性的重大理论与实践问题，力求提出一些具有现实性、针对性和较强参考价值的思路和对策。

山东财经大学党委书记　王邵军

2023 年 8 月 16 日

# 目　录

# 第1章　导　　论

## 1.1　研究背景与意义

### 1.1.1　研究背景

新制度经济学指出制度环境是影响企业战略决策的重要外部因素。当今世界正经历百年未有之大变局，国际竞争愈演愈烈，保护主义和单边主义上升，各国调整宏观经济政策的力度增加，全球政治经济进入动荡变革期。政策不确定性成为影响宏观经济发展以及微观企业行为的一个关键因素。例如，新任美国总统当选后会对上届政府的政策有不少修正，对中美两国的贸易、经济深度合作带来重要影响，进而引发包括A股、港股在内的亚洲金融市场的股市波动，也引发对诸多企业的贸易制裁，企业面临的政策不确定性和投资风险升高。

中国正处于经济增长速度换挡期，结构调整阵痛期、前期刺激政策消化期三期叠加的阶段，改革发展稳定任务艰巨。要实现以国内大循环为主体、国内国际双循环相互促进的新发展格局，必须进行经济发展的质量变革、效率变革、动力变革。国家战略目标的实现，不仅需要中央政府层面出台或调整一系列政策，还需要各级地方政府共同努力。中国是一个以省份为主要建制的国家，地方主政官员是地区经济政策的制定者和执行者，享有广泛的经济社会管理权限和自由裁量空间，可利用政府审批、土地资源配置、信贷担保、政策优惠等方式影响或干预辖区内产业布局和企业行为（周黎安，2007）。由于不同任期官员的执政风格和发展思路差异明显，使用的政策调控手段也不尽相同，由此导致地区政策出现不确定性。政策走向、执行力度以及实施效果的不确定性给企业经营活动带来一定挑战，成为影响企业投资决策的最重要的不确定性之一（杨梅生等，2014）。

党的二十大报告提出深入实施区域协调发展战略。近年来，国家积极出台政策规划方案推进区域经济一体化。党的十九届五中全会通过的第十四个五年规划提出要健全区域协调发展体制机制，消除歧视性、隐蔽性的区域市场壁垒，促进资本跨区域有序自由流动，鼓励企业兼并重组，防止低水平重复建设。跨地区并购作为企业低成本扩张、实现规模化发展、提升竞争力的手段，在促进要素跨区域流动、推进区域经济一体化发展中也扮演着重要角色。本研究整理的数据显示如图 1－1 所示，我国跨地区并购数量在 2015 年之前逐年增多，2015 年受国企改革、巨头合并的影响迎来爆发式增长，之后虽然在监管政策加紧、风险控制的影响下逐渐回落趋稳，但整体来看，跨地区并购仍是推进区域协调发展的主力军。



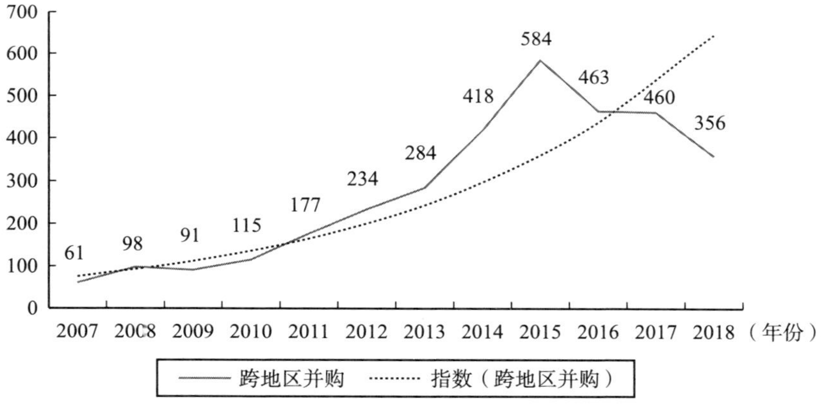


**图 1－1　我国跨地区并购数量**

资料来源：作者整理。

由于企业的并购决策对交易成本、预期收益是否可预期高度敏感，而并购交易的达成、并购收益又与目标资产以及目标地环境密切相关，目标地环境直接影响并购交易过程、并购整合和日常经营，所以主并企业在投资时必须要考虑目标地制度环境的影响。目标地财政、税收、信贷等政策的不稳定性和不连续性会使目标企业经营风险和市场风险加剧，企业价值和持续盈利能力出现不确定性。那么，目标地政策不确定性是否会对外来企业的跨地区并购决策产生影响？具体会影响哪些环节？其作用机制是什么？政策不确定影响下的跨地区并购还能否实现企业预期的协同效应和价值提升？本研究将对上述问题进行回答。

此外，推进区域协调发展不仅要增强企业跨地区并购的活力，还要健全相应的体制机制。党的二十大报告提出“营造市场化、法治化、国际化一流营商环境”。当前，中国“放管服”改革正在陆续推进，营商环境持续优化，消除跨地区兼并重组障碍需要从体制机制入手。由于各地营商环境基础以及改革进程不同，不同地区营商环境表现出明显差异。企业跨地区并购面临不同程度的营商环境差异约束，因此有必要基于营商环境差异考察目标地政策不确定性对企业跨地区并购的影响。

基于此，本书研究目标地政策不确定性对企业跨地区并购规模决策和绩效的影响，深入分析其内在机理和影响机制，并进一步探讨并购双方营商环境差异对政策不确定性下企业跨地区并购规模的影响。研究结论不仅能丰富政策不确定性和跨地区并购领域的相关研究，还能为企业优化跨地区并购决策以及政府推进区域协调发展战略提供决策参考。



### 1.1.2 研究意义

（1）理论意义。

第一，基于中国情境，研究目标地政策不确定性对跨地区并购决策和绩效的影响，拓展了跨地区并购制度诱因的相关文献。虽然已有文献关注跨国并购中政策不确定性的影响，但不同国家间文化、制度等存在较大差异，本研究考察在一国整体政治环境稳定状态下区域性政策不确定性对企业行为的影响，可有效控制跨国研究中国别差异导致的多种制度的内生影响。此外，现有文献多从主并地区的角度考察政策不确定性对并购交易的影响，然而并购交易过程和整合主要与目标企业有关，主并企业所在地政策不确定性对并购评估、谈判、整合等各阶段的影响需要由主并企业传导至目标企业，最后的政策效应存在主并企业和主并地区特征的“噪音”，因此，本研究选择目标地的角度进行研究可以提供政策不确定性影响企业并购的更为直接和有效的证据。研究结论有助于揭示企业跨地区并购障碍的制度性成因，丰富宏观经济政策影响微观企业行为的相关研究。

第二，从官员更替视角剖析了政策不确定性影响跨地区并购交易层面的具体机理，丰富了政策不确定性对企业投资的影响机制的相关研究。不同于现有文献从整体角度分析政策不确定性对并购活动的影响，本研究从并购交易层面，基于并购各环节剖析政策不确定性影响跨地区并购的机理，指出政策不确定性通过影响并购审批、估值、谈判环节影响跨地区并购决策，具体机制为竞争保护机制、低效评估机制和强势议价机制；政策不确定性通过并购整合阶段提高监管治理成本、融资成本、非生产性成本影响跨地区并购绩效。本研究还进一步检验了政府官员可操控的政策工具，进一步厘清了“官员更替→政策不确定性→企业并购”的影响链条，打开了官员更替引发的政策不确定性影响跨地区并购交易的“黑箱”，拓展了官员更替和政策不确定性影响机理的相关研究。

第三，考察营商环境差异对政策不确定性环境下跨地区并购的影响，丰富了营商环境的相关研究。已有研究从要素市场发展水平、投资者保护等角度考察了制度环境差异对企业跨地区并购的影响。相比制度环境，营商环境内涵更加广泛，对企业投资的影响更大，而尚未有研究考察营商环境差异对企业投资的影响。本研究从政务、金融、创新、基础设施四个维度构建地区营商环境的评价指标体系，测算各地区之间的营商环境差异，并考察营商环境差异对政策不确定性与跨地区并购决策关系的调节作用，发现营商环境差异有助于减弱跨地区并购面临的政策不确定风险。本研究提供了营商环境研究新的思路和方法。

（2）实践意义。

第一，为深化官员治理机制、优化营商环境以及推动区域协调发展提供对策建议。促进区域协调发展是新时代的重大课题。针对中国转轨经济背景下的要素流动缓慢、产业集中度低的现实困境，本研究聚焦于地区政府官员更替引发的政策不确定性，探讨政策不确定性对企业跨地区并购决策和绩效的影响，并检验地区营商环境差异对跨地区并购政策风险的缓冲作用。研究结论为政府制定提高官员换届期政策的稳定性和衔接性、优化企业跨区域投资的体制机制环境的方案提供决策参考。

第二，探索总结政策不确定性和营商环境差异下企业跨地区并购的行为模式，为企业精准设计并购方案降低风险提供战略指引。本研究结合并购交易环节研究目标地政策不确定性对企业跨地区并购决策和绩效的影响，发现目标地政策不确定性抑制跨地区并购规模、降低企业并购长短期绩效，营商环境差异可以缓解政策不确定性对跨地区并购规模的抑制作用。因此，企业在进行跨地区并购前应准确判断目标地政策环境和自身营商环境优势，谨慎选择进入策略和并购规模，并购方案制定应预估政策不确定性对交易各环节的影响，采取有针对性的措施规避可能的不利影响，提高并购效率和效果。

## 1.2 重要概念界定

（1）政策不确定性。

本书研究的政策不确定性是指地区经济政策表现出的不确定性和波动性。由于经济政策的制定者主要为地方政府官员，不同官员执政风格以及发展思路存在 差异，所以地方官员更替是地区政策不确定性的重要来源。虽然跨地区并购涉及两个地区，但目标企业所在地的政策环境对并购交易以及并购后企业的运营具有直接影响，因此本书着重探讨目标企业所在地的官员更替产生的政策不确定性对主并企业并购行为的影响。

（2）跨地区并购。

跨地区并购包含跨国并购和国内的跨地区并购，就国内跨地区并购而言，学者们的定义也不尽相同。胡杰武等（2012）把企业所在地跨东北、华北、华东、中南、西北、西南六大区域的并购认定为跨地区并购。潘红波等（2008）将跨地区并购定义为企业跨不同省份的并购。本书的跨地区并购是指企业的国内跨省并购，如果并购双方注册地为同一省份则为同属地并购，若不在同一省份则为跨地区并购。

（3）营商环境差异。

营商环境概念最早是由世界银行于2002年开始的营商项目中提出的，该项目认为营商环境是企业整个生命周期内从开业到结束期间所耗费的时间和成本总和。李志军等（2019）认为营商环境包括企业在整个生命周期内所面临的资源条件和环境状况。本书将营商环境界定为企业经营发展过程中所涉及的制度软环境和硬环境，具体分为政务、金融、创新、基础设施四个维度。营商环境差异是指主并企业和目标企业所在省份的营商环境得分差。

# 1.3 研究框架与内容

## 1.3.1 研究框架

本研究的框架思路如图 1－2 所示。

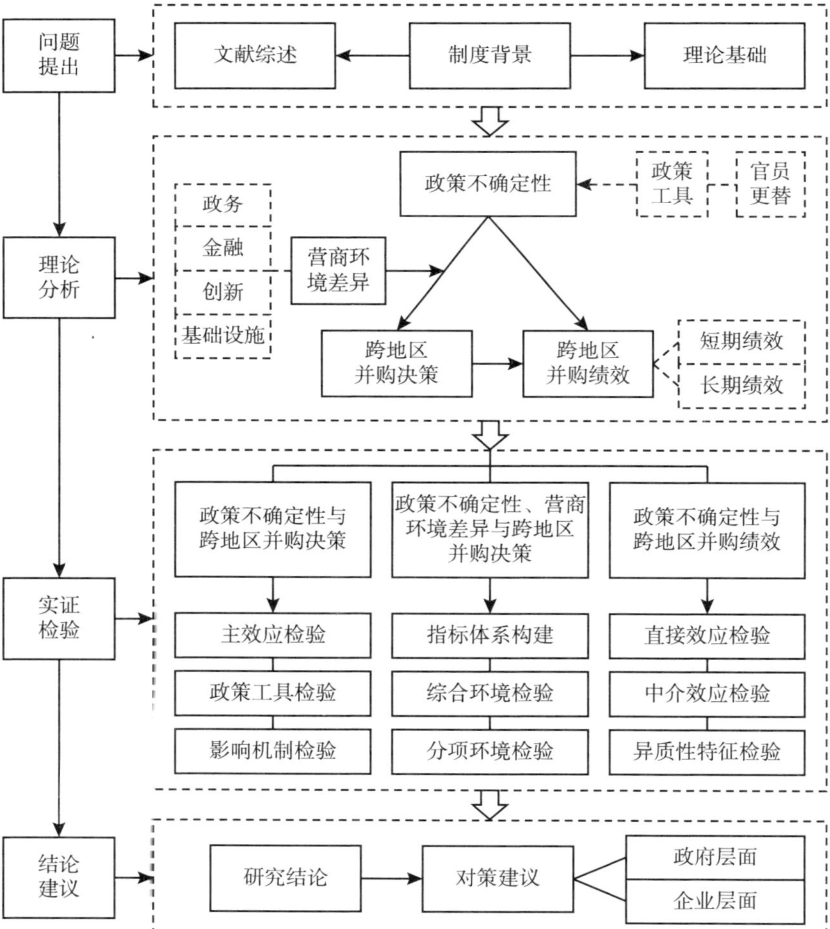


图 1－2 研究框架

本书遵循“问题提出——文献综述——理论分析——实证检验——得出结论——提出对策建议”的研究逻辑，在剖析现实问题的基础上，通过理论分析和文献综述建立本研究的逻辑框架，深入探讨政策不确定性对企业跨地区并购规模决策以及绩效的影响机理，系统分析政务、金融、创新、基础设施维度的营商环境差异对政策不确定性与跨地区并购规模决策关系的影响，在实证检验、分析结果、得出结论的基础上提出政策不确定性下推进企业跨地区并购的对策建议。

### 1.3.2 研究内容

本书主要研究目标地政策不确定性对跨地区并购决策和绩效的影响，并考察营商环境差异对政策不确定性与跨地区并购决策之间关系的调节作用。各章节内容安排如下：

第1章，导论。本章主要介绍研究背景和意义、研究思路和方法，简要阐述论文的研究框架和主要内容，对相关概念进行界定，并提出本研究的创新之处。

第2章，文献回顾。文献回顾分为三个部分，第一部分为政策不确定影响企业并购的文献综述，分为政策不确定计量方法、政策不确定性影响企业投资、政策不确定性影响企业并购三方面。第二部分为营商环境影响企业并购的文献综述，包括营商环境的定义、评价、如何影响企业投资和并购三个方面。第三部分为跨地区并购的文献综述，包括影响因素和绩效表现。通过对文献的梳理，旨在了解相关研究领域的研究动态和成果，为后文假设提出找到充分的理论依据。最后，对现有文献中的研究问题和主要观点进行归纳和总结，找到本研究的立足点和出发点，为后续研究提供参考。

第3章，理论基础和逻辑框架。在现有理论的基础上构建本研究的逻辑框架，为后文研究提供框架性的指导。

第4章，政策不确定性对企业跨地区并购决策的影响。理论分析目标地政策不确定性对跨地区并购规模的影响机理，收集数据并进行实证检验，得出主要研究结论。进一步对官员更替影响企业跨地区并购规模的政策工具以及影响机制进行验证，并考察主并方特征的异质性影响。

第5章，营商环境差异的调节作用。理论分析营商环境差异对政策不确定性与跨地区并购规模关系的调节作用，构建省级营商环境综合评价指标体系，收集数据并进行研究设计，实证检验得出研究结论。

第6章，政策不确定性对企业跨地区并购绩效的影响。理论分析政策不确定性对并购后企业的短期绩效和长期绩效的影响以及跨地区并购规模在其中发挥的中介作用，收集数据并进行实证检验，得出主要研究结论。进一步考察主并企业产权性质和信息透明度特征的异质性影响。

第7章，研究结论与对策建议。总结主要结论，并根据实证研究结果提出政府层面和企业层面的对策建议，同时指出本研究局限和未来研究方向。

### 1.3.3 研究方法

本书主要使用了文献分析、理论演绎以及实证研究等方法，首先通过文献分析制度背景、理论背景和文献基础，再运用理论演绎分析核心概念之间的逻辑关系并提出假设，最后利用实证研究方法进行假设检验、得出研究结论。



（1）文献分析法。

文献分析法的运用体现在以下几个方面：第一，搜集区域协调发展、跨地区并购以及优化营商环境的相关政策文件，了解研究的制度背景；第二，搜集整理政策不确定性影响企业并购、营商环境影响企业并购以及企业跨地区并购三方面的文献，归纳目前该领域的研究现状，找出本研究拟突破的方向；第三，梳理制度基础理论、金融摩擦理论、实物期权理论等相关文献，为研究框架的构建提供理论依据。

（2）理论演绎法。

理论分析政策不确定性、跨地区并购、营商环境差异三者之间的关系，从交易层面提出政策不确定性影响跨地区并购规模的三条机理，从并购整合角度提出政策不确定性影响跨地区并购绩效的路径，剖析营商环境差异对政策不确定性与跨地区并购规模之间关系的作用，提出研究假设。

（3）实证研究法。

手工收集省级官员更替数据、各省营商环境评价数据以及整理企业国内跨省并购数据库，综合运用描述性统计、相关性分析、回归分析等实证研究方法对相关数据进行处理，并对假设进行检验。

## 1.4 研究价值与创新

从目标地政府官员更替角度研究政策不确定性对跨地区并购决策和绩效的影响，丰富了企业跨地区并购影响因素的研究成果，也拓展了宏观经济政策对微观企业行为影响的研究范畴。虽然已有少量文献关注跨国并购中的政策不确定性因素，但无法排除国家层面文化、体制等因素差异形成的“噪音”。本研究以各地区政府官员更替形成的政策不确定性考察对企业国内跨地区并购的影响，有助于在国家因素统一的前提下识别政治因素导致的政策不确定性影响的净效应。此外，与普遍从主并企业角度考察政策影响不同，本研究认为目标地环境对企业并购交易过程以及预期收益的作用更直接，所以选择从目标地角度研究政策不确定性对企业跨地区并购的影响，提供了研究的新思路。本研究深入阐释政策不确定性影响我国企业跨地区并购决策和绩效的内在机理，论证其作用途径，研究发现政策不确定性会降低企业跨地区并购规模以及长短期并购绩效，证明了政策不确定性是我国企业跨地区并购的制度障碍因素，为企业结合投资目标地政策风险因素调整战略布局提供了指引。

从交易层面探明政策不确定性影响跨地区并购决策和绩效的内在机理，打开了政策不确定性影响跨地区并购交易的“黑箱”，拓展了官员更替和政策不确定性影响机理的相关研究。现有文献对政策不确定性影响企业投资行为的分析大多基于实物期权机制和金融摩擦机制，虽然这两种机制也能部分解释企业并购策略的选择，但均将并购活动视作一个整体，未能展示政策不确定性在交易层面对并购各环节的影响。本研究在细致梳理并购交易过程的基础上，结合并购交易环节，深入剖析跨地区并购情境下目标地政策不确定性对企业跨地区并购决策和绩效的影响机理，提出政策不确定性通过竞争保护机制、低效评估机制和强势议价机制影响跨地区并购决策，通过提高企业监管治理成本、融资成本和非生产性成本降低跨地区并购绩效。本研究还通过验证跨地区并购规模的中介作用揭示政策不确定性影响跨地区并购绩效的另一条渠道。此外，本研究进一步检验了政府官员影响地方投资的政策工具，厘清了“官员更替→政策不确定性→企业并购”的逻辑链条，深入刻画了官员更替引发的政策不确定性影响跨地区并购的具体机理，将政策不确定性风险分解到各交易环节，有助于企业在并购各环节有针对性地设计应对方案来降低官员更替诱发的政策不确定性风险。

构建了地区营商环境评价指标体系并将营商环境差异因素引入跨地区并购决策框架，丰富了营商环境领域的相关研究。营商环境是影响企业生存发展的体制机制因素构成的软环境和硬环境之和，其内涵广泛，评价存在较大难度。现有文献主要利用世界银行提供的部分城市的调查数据进行研究，或选择部分指标进行替代，针对全部省份构建综合评价体系的研究仍较少。研究内容上主要探讨了营商环境对本地企业创新、生产效率、经营活力等的影响，尚未有研究关注地区之间的营商环境差异对企业跨地区投资的作用。营商环境差异提高了企业应对外部负向冲击的能力和动力，有助于企业降低开拓新市场的政策风险。本研究结合国家优化营商环境的指导原则，从政务、金融、创新、基础设施四个维度构建中国省份营商环境评价指标体系，测算不同地区营商环境差异，并将营商环境差异纳入跨地区并购研究框架中，探讨营商环境差异情境下政策不确定对跨地区并购决策的异质性影响。研究识别了政策不确定性对企业跨地区并购决策影响的边界条件，有助于找到克服政策不确定性带来的跨地区并购障碍的对策并总结行为模式，为各地的营商环境优化以及中国企业的跨地区并购实践提供理论指导和经验借鉴。

# 第2章 文献回顾

## 2.1 政策不确定性的测度及对企业并购的影响

### 2.1.1 政策不确定性的测度

（1）政策不确定性。

制度对宏观经济以及微观企业行为产生影响。正式制度包括国家法律、法规、规章等，由公权力保障实施。正式制度形成了公民和企业生存的一种政治环境，内处其中的企业的生产经营都要受其影响。政策环境影响经济的一个重要方面在于其不确定性与波动性。政策不确定性的测度主要有以下三种方法。

第一，使用国家选举或者地方的政治选举来表示政策不确定性。由于经济衰退本身就意味着大量的政策不确定性，所以如何克服政策不确定性与经济增长之间的内生性、对政策不确定性进行准确测度成为摆在学者面前的重要问题。地方领导人通常任期有限，更替就意味着政策偏好的改变，而这些出现波动的政策涉及贸易、货币、税收、行业管制等，政策变动的结果对经济产生直接影响（Julio and Yook，2012）。所以一些学者开始使用战争、政变、国家分裂等导致的政治格局的改变或在政治格局基本稳定的情况下施政主体的更换来测度政策不确定性。当经济事件发生或政治更迭时，政府在短期内的刺激政策以及长期的经济和管制政策将是企业面临的重大不确定性。

针对中国国情的研究，学者也借鉴以上做法使用地方主政官员更替来表示不同地区的政策不确定性，主政官员通常包括省委书记、省长、市委书记、市长等。大量研究使用了该测度方法（张军和高远，2007；周黎安等，2007；王贤彬等，2009；陈艳艳等，2012；杨梅生等，2014；罗党论和廖俊平，2016；陈德球和陈运森，2018）。在针对特殊话题的研究中，也有学者使用特殊职位的官员更替，例如韩超等（2016）使用环保厅（局）长的更替特征研究规制官员对环境规制行为的影响。范子英和李欣（2014）以部长更替为准自然实验研究部长的政治关联效应对财政转移支付的影响。

第二，使用重大政治事件来表示政策不确定性。周黎安等（2013）利用中央或地方党代会事件研究政治周期对资源错配程度的影响，发现政治晋升负向影响地区资源配置效率。汉德利和利马奥（Handley and Limão，2015）利用中国加入世贸组织这一事件研究了贸易政策不确定性对企业投资的影响，发现加入世贸组织降低了中国面临的贸易战威胁，不确定性显著减弱。刘等（Liu et al.，2017）使用官员非正常卸任带来的外生冲击考察了不确定性对资产价格的影响，结果发现政治冲击对政治敏感度高的企业股价影响明显。



第三，构建综合指数来测度政策不确定性。使用政治领导人更替或政治事件表示政策不确定性虽然克服了内生性问题，但是此种测量指标不具有时变性和连续性，仅能反映政治选举效应，不能反映出选举后的结果的不确定性以及非选举时期的不确定性。于是，以贝克（Baker）等为代表的学者通过采集股票市场数据、经济指标、新闻词频等数据构建综合指数来测度政策不确定性。比较常用的指数有芝加哥期权交易所的VIX指数（Volatility Index）、由贝克、布鲁姆和戴维斯（Baker、Bloom and Davis）共同开发的经济政策不确定性指数（BBD Index）等。VIX指数是以S&P500指数期权权利金价格反推所得的隐含波动率，该指数可以反映市场上投资者对未来指数波动的预期，指标越高表示预期波动越明显。巴格瓦特等（Bhagwat et al.，2016）使用该指数研究了不确定性对企业并购行为的影响。VIX指数只能反映股票市场的波动，具有一定的局限性。BBD指数能较为综合地反映整体的经济政策不确定性，由四部分提炼而来，其一是报纸文章中的关键词提炼出的新闻指数；其二是由统计的每年失效的税法条款表示的税法失效指数；其三是不同预测机构预测的CPI预测差值；其四是不同预测机构预测的政府支出的差值。此外，还有一些学者构建了经济模型来测度政策不确定性，例如朱拉多等（Jurado et al.，2010）、奥斯杜克和盛（Ozturk and Sheng，2017）等。奥斯杜克和盛（2017）受资本资产定价模型的启发，将不确定性分解为一般不确定性和特殊不确定性，并制定了涵盖45个国家的宏观经济不确定性的月度测量指标。

针对中国地区的研究，贝克等开发了中国经济政策不确定月度指数（EPU Index），该指数是基于香港的《南华早报》构建的，中国学者基于该指数也做了大量的研究。刘志远等（2017）使用该指数研究发现经济政策不确定性可以显著提升民营企业的风险承担水平，说明这种不确定性对民营企业而言是一种机遇。饶品贵和徐子惠（2017）探究了经济政策不确定性对高管变更的影响，发现政策不确定性提高了高管变更潜在的风险和成本，因此有助于降低高管被替换的概率。宋全云等（2019）研究发现EPU指数升高与企业银行贷款成本增加有关。徐光伟等（2020）使用该指数研究了政策不确定性与实体投资结构偏向的关系。EPU指数虽然得到了学者们的广泛应用，但该指标也具有一定的局限性，使用香港地区的一份报纸不能准确衡量内地的政策不确定性。因此，黄和卢克（Huang and Luk，2020）基于大陆114份报纸构建了新的政策不确定性月度指数，并度量了财政、贸易、货币、汇率与资本项目四个分项经济政策的不确定性。金春雨和张德园（2020）使用该指数研究了不同类型政策不确定性对宏观经济的影响。除了衡量整体政策不确定性的综合指数外，还有学者针对政策细类建立政策不确定性指数。借鉴贝克等（Baker et al.，2016）的思路和费尔南德斯·维拉韦德等（Fernández - Villaverde et al.，2015）的研究，朱军（2017）利用媒体报道数据构建了中国财税政策不确定性指数以及细分的财政、税收项目的指数。王立勇和纪尧（2019）使用开放条件DSGE模型也定量测度了中国财政政策的波动性。

综合来看，BBD指数或EPU指数虽然具有很好的时变性和连续性，但均针对国家整体的宏观经济政策，不能反映一国内某个地区的政策不确定性。国家选举的指标有同样的问题，在研究全国范围内不确定的影响时是一个较好的替代指标，但对于对微观企业投资决策的影响过于宏观。此外，文本挖掘方法获得的经济政策不确定性无法反映政策背后的官员因素，官员更替反映了组织调整和权力变更所带来的广泛意义上的政策不确定性，比经济政策不确定性的内涵更为丰富（王贤彬，2020）。在我国区域研究中，结合我国行政和财政分权的体制，以行政区划为维度研究政策不确定性对微观企业行为决策的影响可能更为直观和科学，因此，本研究使用不同省份的官员更替数据来测度各省份的政策不确定性。

（2）政策不确定性强度。

官员更替对当地政策环境的影响因官员更替的数量、官员的来源以及官员个人特征的不同而存在差距。陈艳艳和罗党论（2012）研究发现越频繁的官员更替越会提高企业的投资波动率。

新任官员的来源是影响政策不确定性强度的重要因素。新任官员通常有三种来源：其一是本地其他职位的官员调动而来，属于本地晋升，通常是市长晋升为市委书记、省长晋升为省委书记；其二是外地同级别的官员调动而来，属于异地调任，通常是外省的省委书记调任本省省委书记；其三是中央层面的官员调任，属于中央调任，一般是中央某部门部长、党委书记调任。异地官员可能不熟悉地区情况，或个人经历影响下难以对以往的政策产生认同，因此来源于异地的官员对政策不确定性的影响更大。王贤彬等（2009）指出外省调入的官员要面临职位变化和省区的变化，需要时间适应新的岗位和环境，实施明显区别前任的差异化政策的可能性更高。罗党论等（2016）发现外地调任的官员会增加企业风险，如果新任官员与省领导存在老乡关系则会减弱企业风险。钱先航和徐业坤（2014）研究发现平调官员对地方民营企业风险承担的影响更大。戴亦一等（2014）的研究也指出外地调任的官员对地方的影响更大。徐等（Xu et al.，2016）研究了市级官员更替对企业现金持有的影响，发现异地来源的官员对企业现金持有的影响更大。安等（An et al.，2016）发现当官员是上级政府任命的外地官员时，官员更替对企业投资的抑制作用更强。

官员的任期特征也会对政策不确定性的强度产生影响。正所谓“新官上任三把火”，为了彰显自己的出色业绩、为将来的政治晋升做准备，新任职的地方官员往往需要出台新政策或作出超越前任的成绩（王贤彬等，2009），因此在任期初期，官员对地区经济的影响更强，地区政策不确定性强度随着官员更替呈现周期性波动。曹春方等（2014）对官员的任期进行了考察，发现随着任期的增加，地方国有企业的过度投资呈倒U形变化。向阳等（2014）研究发现，官员任职在早期对地方企业的干预较少，随着任职期限的延长，官员对企业的干预增多，企业过度投资增多。

官员自身的异质性特征也是政策不确定性强度差异的重要来源。胡里奥和约克（Julio and Yook，2012）研究发现参选的两个人票数越相近，国家选举对投资的影响就越明显，如果现任的领导人属于“市场友好型”时，在选举年就会出现更多的投资支出下降。

### 2.1.2 政策不确定性与企业投资

（1）政策不确定性影响企业投资的逻辑。

①政策不确定性影响企业投资的一般逻辑

关于政策不确定性究竟如何影响微观企业投资行为得到了国内外学者的广泛关注。主流的观点认为，政策不确定性影响企业投资存在两个重要的逻辑。

其一，实物期权逻辑。该理论认为投资项目存在沉没成本，当未来现金流或折现率不确定的情况下，未来投资可看作一种看涨期权，如果企业无法预测政治选举或将要出台的政策带来的结果，则延迟投资比立即投资带来的回报更大。需要指出的是，企业延迟投资一般是认为选举会带来“坏消息”，即宏观经济、货币政策、税收政策、管制环境等发生消极变化，但该理论并不排除“好消息”的可能，即未来政策出现积极变化，因为当企业预期未来获得收益时会倾向于审慎决定使未来收益最大化的投资组合，这个过程也会导致投资延迟。依据该逻辑，伯南克（Bernanke，1983）指出当投资项目是不可逆时，企业需要在等待投资给企业带来的额外信息与早早做出承诺给企业带来的好处之间权衡。平代克和索利曼（Pindyck and Solimano，1993）研究不确定性对国家整体投资的影响，发现由于投资的不可逆性，资本的边际盈利能力的波动性与不确定性高度相关，但却没有发现与政策不稳定的相关性。布鲁姆等（Bloom et al.，2007）建立包含调整成本、时变不确定性和投资决策的模型研究发现，不确定性降低了投资对需求冲击的反应性，一组制造企业的数据显示高不确定性会使第一年对需求冲击的投资效应减半。居伦和伊昂（Gulen and Ion，2016）研究了政策和监管的不确定性对企业投资支出的影响，发现二者呈现显著的负相关关系，在投资不可逆程度高以及过度依赖政府支出的公司中更为明显。谭小芬和张文婧（2017）使用EPU指数对政策不确定性抑制企业投资的实物期权渠道和金融摩擦渠道进行了验证，发现实物期权渠道占主导地位，外部融资约束程度大的企业受金融摩擦渠道的影响较大。阿莫尔和米尼基利（Amore and Minichilli，2018）利用意大利企业的数据发现，政策不确定性会降低企业投资，但是与一般企业不同的是，家族企业广泛的家庭和商业关系网络可以应对不确定性，同时家族经营通常认为可以克服投资短视，因此在政策不确定性时期更有可能投资，如果企业处于依赖政府支出的行业，则这种影响更为明显。

其二，金融摩擦逻辑。该理论主要从企业面临的融资约束角度出发，认为政策不确定性减弱企业的持续经营能力，资金贷方评估企业偿付能力存在限制，信息不对称使得企业无法获得足够资金来满足投资扩张需求，因此投资水平降低。克里斯蒂亚诺等（Christiano et al.，2014）认为，由于金融市场不完美，更高的不确定性会导致代理成本上升和信息不对称加剧，使企业的资金成本提高，进而抑制企业的经济活动。陈等（Chen et al.，2018）研究发现中国的官员更替会对企业的信息环境产生影响，更替导致市场上企业可用的特质信息减少，企业不得不通过减少披露给投资者的信息数量和质量来应对这种不确定性。此外，他们还发现信息中介如金融分析师和媒体可以增加市场上的可用信息，缓解不确定性的负面影响。杰克等（Jack et al.，2018）研究发现政策不确定性对企业总现金持有量产生非对称影响，在正常财务状况下，冲击倾向于增加现金持有量，而在紧张财务状况下，则倾向于降低现金持有量。吴等（Wu et al.，2020）研究中国国内的经济政策不确定性是否会对企业的海外投资产生影响，发现中国企业倾向于减少海外投资以应对国内的政策不确定性，这种影响在财务约束、依赖政府补贴、海外收入较低的企业以及国有企业中更为明显。

②政策不确定性影响企业投资的中国逻辑

除了上述逻辑外，学者根据中国国情结合我国官员异地交流的背景提出了政策不确定性影响企业投资的机制。

在中国的特殊制度背景下，官员更替对地区政策不确定性的影响有其特殊性。首先，官员更替容易带来旧政策终止和新政策执行，新旧政策可能存在不连续，而这种政策的变动很可能影响企业未来的经营活动。以融资活动为例，在原有政策导向下提供信贷支持的银行等金融机构和其他非金融机构对企业的支持可能不再延续，进而导致企业未来可获得的现金流量存在较大波动，对企业经营产生一定威胁。其次，我国地区之间存在“政治锦标赛”竞争，新任官员为了做出超越前人的业绩会利用政策工具主动干预辖区企业帮助其完成业绩。波（Bo，1996）最早研究了省级官员流动与地区经济发展的关系，指出省级收入贡献决定了省级官员的未来职位走向，经济绩效越好，官员越容易晋升。由于经济绩效存在一定的时滞，因此官员的干预力度在上任之初较强，由此导致新旧官员更替时期政策不确定性增强。最后，中国是一个“关系”社会，政商关系在企业经营中发挥重要作用，官员更替导致原有关系改变，官员的偏好、能力、激励约束等个体异质性也会显著影响官员对待企业的态度，从而改变企业获得的政策优惠，显著影响企业经营决策。如目标企业与原有官员良好的政企关系在官员更替后断裂，主并企业并购后又难以短期内与主政官员建立联系，这将显著影响企业的投资准入、贷款审批、获得的政府补助以及税收优惠等，企业的后续发展存在较大不确定性。



曹春方（2013）认为我国省级官员更替仅会降低国有企业的投资量和过度投资，是因为官员更替产生的事实政治权力转移导致地方政府干预的减少。徐业坤等（2013）认为我国官员更替适用于法定政治权力转移导致的不确定性逻辑，他使用市级官员更替数据得出官员更替会降低民营企业投资支出的结论，且这种负面影响在管制行业中更为明显。徐等（Xu et al.，2016）指出政府对企业存在“掠夺之手”，在不确定性时期，新任官员会通过新政策出台来榨取企业的收益，因此企业倾向于隐藏资产以最大限度地减少新官员对企业的掠夺，数据研究发现在新官员上任的第一年，企业的现金持有显著减少。

（2）政策不确定性影响企业投资的政策传导渠道。

财政渠道。杨梅生等（2014）认为官员更替对经济增长的作用可以归结为政策短视性效应和政策不确定性效应，政策的传导渠道主要是财政和信贷，他使用1999～2013年的地市级官员更替样本结合GARCH－in－Mean模型研究政策不稳定性对经济增长的影响，发现官员更替显著抑制经济增长，且对经济的财政影响大于信贷影响。戴静等（2019）

研究发现官员任期与五年计划周期交错程度显著降低企业研发投资增长率，影响路径主要为降低企业的财政补贴以及风险承担。

信贷渠道。吉尔吉里斯特等（Gilchrist et al.，2014）依据微观和宏观层面上的经验分析，认为不确定性对投资的效应主要通过影响信贷利差的变动传导，并指出金融扭曲是不确定性影响总产出的主要传导机制。钱爱明和张晨宇（2016）使用市委书记更替数据检验政策不确定性对银行信贷合约结构的影响，发现民营企业获得信贷的比例随着不确定性的升高而降低，原因是政策不确定性提高了民营企业的债务违约风险。冯展斌（2017）也发现省长更替会导致企业债务融资成本增加。才国伟等（2018）发现省级官员更替显著降低企业的债券融资规模，进行影响企业的投资水平。

其他渠道。胡里奥和约克（Julio and Yook，2012）指出政府官员能够通过行业法规、货币政策、贸易政策、税收甚至是私有公司的国有化来影响企业的微观决策，他们首次研究了国家选举与企业层面的投资行为的关系，发现企业在选举前一年平均减少了相对于平时 4.8% 的投资，因为企业在面对政策不确定性时变得更加谨慎，而当选举的不确定性逐渐减弱后，投资开始出现小幅回升。李敬子和刘月（2019）利用黄和卢克（Huang and Luk，2020）编制的指数研究了贸易政策不确定性对企业 R&D 投资的影响，发现贸易政策不确定性通过政府补贴、出口、融资约束等机制显著促进企业进行 R&D 投资，这种影响在出口企业、国有企业、高新技术企业中更为明显。史歌（2020）发现宏观经济不确定性会通过市场需求、资产可逆性、融资、预期等渠道影响企业的资产配置。涂光伟等（2020）研究了政策不确定性与实体投资结构偏向的关系，发现经济政策不确定性攀升导致企业实体投资下降、虚拟投资上升，而投资成本是不确定性影响企业实体投资的中介路径，公司治理和市场竞争对二者关系发挥正向调节作用。

（3）政策不确定性影响企业投资的经济后果。

贾倩等（2012）基于省级官员更替数据研究发现政策不确定性导致企业投资水平下降，对省级国有企业影响较显著。何山和李后建（2014）研究发现官员更替对企业 R&D 投资具有挤出效应，这种作用在国有企业和高新技术企业中更为明显。安等（An et al.，2016）使用 277 个城市官员更替数据研究政策不确定性对企业投资的影响，发现企业投资大幅减少，这种影响对于国有企业和资本密集型企业更为明显。延斯（Jens，2017）研究发现不确定性不仅使企业的投资支出下降，还影响了企业的股权投资和债权投资。王文忠和曹雅丽（2017）研究发现官员更替会提高企业创新水平。梁权熙和谢宏基（2019）发现政策不确定性会激励企业抓住创新机会以获得未来增长的期权价值，而这种影响主要是由地方政策不确定性驱动的。陈等（Chen et al.，2019）研究了126个国家的政策不确定性对FDI的影响，发现在有国家选举的当年FDI显著下降。谢长廷等（Hsieh et al.，2019）研究了经济政策不确定性对外国直接投资的影响，发现对外直接投资在东道国不确定性受到冲击后两个季度下降。

### 2.1.3 政策不确定性与企业并购

（1）政策不确定性对一般并购的影响。

目前研究政策不确定性对企业并购行为影响的文献相对较少，以往有研究发现企业会通过多元化并购来规避政治风险（Beneish et al.，2008），聚焦到政策不确定性的影响，科拉克等（Çolak et al.，2017）使用州长选举作为政策不确定性的代理变量，研究了政策不确定性对IPO的影响，发现政策不确定性的增加显著降低了事件年度的IPO数量，且业务集中于本地的企业、更多依赖政府合同的企业和估计难度较大的企业受政策不确定性的影响更大，机理在于政策不确定性期间，IPO股票的估值相对较低、企业资本成本提高。巴格瓦特等（Bhagwat et al.，2016）研究了由监管和法院判例产生的市场预期波动对并购活动开始后至并购结束近段时间内并购活动的交易时间、目标规模和过渡期时间影响，证明了法律约束会对并购市场产生影响。他提出了过渡期风险渠道假设，认为在法律规定的并购过渡期内，高政策不确定性会使该期间的成本上升（例如重新谈判、诉讼或者过度支付），进而降低交易活动的吸引力。他对不确定性的度量使用的是芝加哥期权交易所的VIX指数，该指数更多地与财务和股票市场事件相关，反映的市场的短期波动。为了克服该指标的局限性，阮晋勇和潘（Nguyen and Phan，2017）在巴格瓦特等（Bhagwat et al.，2016）的基础上，使用BBD指数进一步研究了经济不确定性对并购的影响。研究表明，政策不确定性与企业的并购欲望负相关，与并购完成时间和并购后的股东财富正相关，主并方倾向于使用股权支付且要求更低的溢价。邦内玛等（Bonaime et al.，2018）也使用 BBD 指数研究政策不确定性对并购宏观层面和企业层面的影响，他认为政策不确定性对并购活动的影响具有持续性，已经推迟的并购活动没有继续完成。对并购溢价的检验却得出了与前人相反的结论，他认为政策不确定性增加了目标方的谈判能力，推高了并购溢价。他提出了四种可能的影响机制，实物期权机制、价值减损机制、管理层构建帝国的自利机制、风险管理机制，但最终只有实物期权机制得到了验证。沙等（Sha et al.，2020）发现与美国企业的并购不同，中国企业在经济政策高度不确定性时期倾向于实施并购，国有企业相对民营企业更为谨慎，不确定性时期实施的并购有利于股东财富增加。克劳厄蒂和张（Clougherty and Zhang，2020）基于 2002 ~ 2017 年美国并购政策调查和跨境并购数据研究了反垄断政策对跨境投资活动的影响，发现美国并购政策阻碍了外国收购者参与本地并购市场，反垄断政策形成了地区的保护主义，政策风险对外国收购者的影响显著大于本地收购者，从而不利于外国企业收购当地企业。汪弘等（2019）以季度为研究单位利用 EPU 指数研究了宏观经济政策不确定性对并购的影响，发现经济政策不确定性会抑制发起并购的意愿和并购支付金额。



（2）政策不确定性对跨国并购的影响。

政策不确定性影响跨国并购的研究也引起了学者们的广泛关注。李（2018）使用跨国并购样本，研究了东道国国家政治选举带来的不确定性对并购双方相对收益的影响，他认为东道国的政策不确定性增加了外国收购者相对于目标方的谈判地位。曹等（Cao et al.，2018）使用了国家选举数据研究了政策不确定性对跨国并购的影响，发现国家选举促进了本地企业寻找海外并购目标，特别是在有自由贸易协定、军事盟友或治理较好的国家的目标，机理为通过全球多元化分散本地政策不确定性风险。同时国家选举也降低了本地企业被收购的可能性，机理为目标国政策不确定性对外国收购企业产生威慑。巴克森穆萨（Baxamusa et al.，2020）研究发现在政策不确定性期间，潜在交易对手的不当行为、更高的签约成本导致的关系风险是降低企业战略联盟的意愿的主要原因，尤其当联盟涉及两家以上公司、交易方行业风险较大以及交易伙伴需要签订大量合同时。周晶晶和赵增耀（2019）利用数学建模方法分析了宏观经济政策不确定性对跨国并购的影响并使用EPU指数进行了检验，发现东道国经济政策不确定性降低了跨国并购规模和多元化程度。李亚波和李元旭（2019）使用美国EPU指数研究了美国经济政策不确定性与中国海外并购的关系，发现美国经济政策不确定性在2014年表现出风险规避倾向，在2014年之后表现为风险偏好倾向。

## 2.2 营商环境的评价及对企业并购的影响

### 2.2.1 营商环境的内涵

营商环境是影响区域经济发展和企业投资区位选择的重要因素，优化营商环境已成为政府工作的重要任务之一，也是学者们关注的热点领域。

狭义的营商环境是指服务于企业经营发展的制度软环境和基础设施等硬环境。斯特恩（Stern，2002）认为营商环境是现阶段以及未来有关制度和行为环境的总和。代明（2005）认为营商环境是由政府打造的软环境和硬环境，软环境需要政府深化改革，而硬环境需要政府积极投资建设，政府在营商环境方面的投资可以发挥更大的引资效应。董志强等（2012）认为营商环境是一种企业投资的制度和政策的软环境，营商软环境对于城市经济发展有显著促进作用。巴哈和方（Bah and Fang，2015）将营商环境归结为环境监管、腐败治理效果、治安环境、基础设施完善程度和金融发展五个方面，较差的营商环境导致资源配置效率下降。董彪和李仁玉（2016）认为营商环境是经济软实力的体现，主要指影响商事主体经营的各种条件之和，包括政治、文化、经济因素等。张龑和孙浦阳（2016）认为营商环境是地区契约环境。郭艳芬和柏维春（2019）指出营商环境以政务环境、市场环境和社会环境为核心，是一个地区各种要素的集合体。谢红星（2019）指出营商环境是企业愿意持续经营和投资的生长环境，好的营商环境要求法治化、便利化和国际化。张美莎等（2019）认为营商环境包括行政、法治和金融环境构成的企业经营环境。刘军和付建栋（2019）认为营商环境包括政治、要素、法治、市场和基础设施五个方面。

广义的营商环境是指影响企业经营的各项因素的总和。世界银行《全球营商环境报告》认为营商环境是企业在开办、融资、投资者保护、纳税等整个生命周期的重要领域内需要花费的时间和成本等的总和。马相东和王跃生（2018）认为营商环境是企业在开办、运营、注销过程中所接触的政治、法治、经济等外部综合环境。李志军等（2019）认为营商环境一个综合性的生态系统，具体包括政府服务效率、公共服务、金融信贷服务、人力资源、创新环境和市场环境六大项。夏后学等（2019）认为营商环境是企业办理各项事务涉及的环境。薄文广等（2019）认为营商环境是包括制度软环境、市场环境、商务成本环境、基础设施环境和生态环境等在内的企业需要接触的综合环境。

表 2－1 总结了营商环境内涵的代表性观点。可见，营商环境并没有一个统一的定义，学者一般基于研究目的界定营商环境的概念。国务院 2019 年 10 月颁布的《优化营商环境条例》将营商环境定义为，企业等市场主体在市场经济活动中所涉及的体制机制性因素和条件。“十三五”规划将营商环境分为市场、政务、法律政策和人文环境四类。本研究以上述论述为指引，将营商环境界定为企业经营发展过程中所涉及的制度软环境和硬环境，包括政务、金融、创新和基础设施环境。



**表 2－1　营商环境内涵的代表性观点**

| 来源 | 营商环境的内涵 | 关注焦点 |
| --- | --- | --- |
| 世界银行 | 企业在开办、融资、投资者保护、纳税等整个生命周期的重要领域内需要花费的时间和成本等的总和 | 企业整个生命周期面临的商业监管规则 |
| 代明（2005） | 由政府打造的软环境和硬环境 | 软环境和硬环境 |
| 董志强等（2012） | 一种企业投资的制度和政策的软环境 | 软环境 |
| 娄成武和张国勇（2018） | 市场主体所面临的政务、要素、市场、法治、基础设施环境等构成的内在发展环境 | 整体感知、要素环境感知、政务环境感知 |
| 袁莉（2018） | 企业从事生产经营活动整个过程的各种条件的总和 | 法治环境 |

续表

| 来源 | 营商环境的内涵 | 关注焦点 |
|---|---|---|
| 彭向刚和马冉（2018） | 一系列可能制约企业达到其最高生产率的外部影响因素的总和 | 政务环境 |
| 谢红星（2019） | 企业愿意持续经营和投资的生长环境 | 法治环境 |
| 李志军等（2019） | 企业从事创业、创新、融资、投资等活动时所面临的外部综合环境 | 政府效率、市场环境、公共服务、金融服务、创新环境、人力资源 |

资料来源：作者绘制。

### 2.2.2 营商环境的评价

营商环境的优劣是影响地区竞争力的关键因素。目前受政策法规、改革进程、经济发展快慢以及区域文化差异的影响，我国地区之间营商环境存在较大差距（董志强等，2012）。如何对各地区营商环境进行合理评价以优化地区营商环境成为学者们研究的重点问题。目前营商环境的评价主要包括国别评价和一国内不同地区的评价，使用的评价方法主要有问卷调查法和指标评价法。



在国别评价中，比较开创性的是由世界银行集团国际金融公司于2002年开始的营商项目调查，该项目以降低制度性交易成本为主线，针对133个经济体的中小企业从开办到破产各个阶段所适用的商业监管规则，评估其便利程度和优劣等级。该项目设计的评价体系由最开始的包括5套指标发展至10套指标，涉及190个经济体。该项目还对各国最大商业城市进行评价，通过简单平均法进行赋权，采用前沿距离法对数据标准化，计算最终得分并排名。另一个应用比较广泛的是经济学人智库构建的营商环境评价体系，该体系针对全球82个国家，评价政治、宏观经济、市场、竞争政策等10个方面。经合组织还设计了针对创业企业环境的评价体系。该体系针对创业决定因素设置6类指标，涵盖市场、政策、创新、技术、资金、文化等方面。伦敦商学院和百森商学院自1999年共同发起的GEM创业环境评价体系对各国创业环境进行评价，包括创业者融资、政府政策、研发成果转化、法律、基础服务设施、文化和社会规范等方面。

国别评价体系中，以世界银行的评价体系应用最广，但该体系主要侧重于国与国之间的比较，对于一国内地区差异关注不足。虽然近年来的报告也包含了中国 30 个城市的评价数据，但不足以反映我国广袤土地上各行政辖区的实际营商环境情况。2018 年 11 月 28 日李克强总理在主持召开国务院常务会议时提出要按照“国际可比、对标世行、中国特色”原则，开展中国营商环境评价。[①] 国内学者和众多研究机构也陆续推出了各具特色的针对中国地区的营商环境评价体系。

中国地区的营商环境评价层次通常包括省级、市级、一般企业三类。需要指出的是，在营商环境概念普及之前，衡量国内企业生存发展状况的指标体系是由樊纲和王小鲁等设计的市场化指数。该指标体系对 31 个省（自治区、直辖市）的市场化进程进行评价和比较，并基于相同的指标体系进行持续性测度，指标体系包括 5 个大类指标和 14 个分项指标，最终计算得出市场化总指数综合得分。由于该指数持续性强，得到了学者们的广泛应用。彭向刚和马冉（2018）以构建服务型政务为目标，从需求识别、服务职能、服务能力、服务供给四个维度构建政务营商环境评价体系。刘军和付建栋（2019）依据世界银行的企业调查数据，构建了包含政治、要素、市场、法制和基础设施五个方面的企业层面营商环境指数。李志军等（2019）设计了针对我国 290 个城市的营商环境评价体系，包含 6 个一级指标和 17 个二级指标。张三保等（2020）设计涵盖政务、市场、政策、人文四大维度的省级评价体系，采用文本分析法对指标赋权，采用简单平均法对指标加权汇总得到综合得分。丁鼎等（2020）设计了评价我国 36 个城市的营商环境指标体系，包含政务、金融、市场、人力、创新、公共环境等多个方面。陈太义等（2020）采用中国企业综合调查数据，构建能反映企业真实感受的营商环境指标体系，涵盖投资优惠、财税补贴、司法公正、产权保护等多个维度。

政府及专业研究机构也推出了大量独具特色的评价体系。国务院大督查中设计面向企业和个人的调查问卷，选择企业开办、用电用水用气报装、获得信贷等 7 项与企业和个人关系密切的事项为评价一级指标。中央广播电视总台推出的《2019 中国城市营商环境报告》按照“要



① 中华人民共和国中央人民政府．李克强主持召开国务院常务会议 听取优化营商环境工作汇报等［N］．中国政府网，2018－11－26．

素＋环境”的框架，对我国部分代表性城市进行评价，指标涉及政务、基础设施、人力、金融、普惠创新五个维度。

### 2.2.3 营商环境对企业投资和并购的影响

营商环境是企业生产经营所需的“空气”，关系着企业一切活动的交易成本，是影响企业经营决策的重要因素。目前关于营商环境与企业并购的研究仍较少，文献主要集中于营商环境与企业一般投资行为的研究。本研究将营商环境分为政务、金融、创新、基础设施四个维度，如图2－1所示，并分别从综合环境、分项环境以及环境差异角度综述营商环境对企业投资的影响。

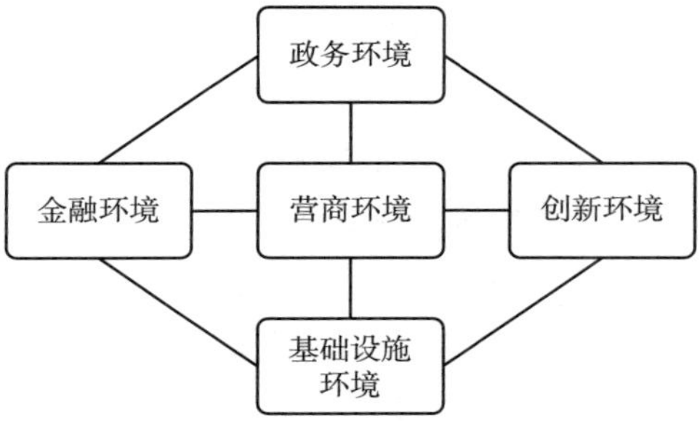


**图2－1 营商环境包含的维度**

（1）营商综合环境与企业投资。

从营商环境的整体来看，董志强等（2012）研究发现良好的城市营商软环境可以降低企业开办成本，帮助企业家提高生产和销售产品的效率，对城市经济发展有显著促进作用。魏下海等（2015）研究指出营商环境影响企业家的“内治”和“外攘”活动，好的营商环境有利于企业家集中力量提高经营效益，而差的营商环境则会使企业家不得不投入大量精力从事非生产性活动。营商环境对企业家活动的影响在服务业企业中更为明显，这与服务业通常面临较大的不确定、更依赖商业规则和制度环境有关。张龑和孙浦阳（2016）以世界银行的营商环境评价中“合同执行指标”指标衡量地区契约环境，研究发现契约环境越好越有利于持续性经贸往来。马相东和王跃生（2018）指出新时代下我国传统要素吸引外商投资的作用不断弱化，我国吸引外资的方式应由提供优惠政策向优化营商环境转变，具体地以便利化、国际化和法治化为目标，实施减税降费、自贸区建设、加大中小投资者保护等策略。于文超和梁平汉（2019）研究发现良好的营商环境可以有效缓解民营企业面临的贸易和政策不确定性冲击，提高民营企业经营活力。薄文广等（2019）发现营商环境与企业家才能配合能提高企业全要素生产率。张美莎等（2019）研究了营商关系、关系型借贷与中小企业技术创新的关系，发现优化营商环境有助于中小企业技术创新水平提升，也会削弱关系型借贷的影响。徐浩和张美莎（2019）也发现营商环境优化能削弱关系型融资对技术创新的挤出作用。夏后学等（2019）使用世界银行的营商环境数据研究了营商环境、企业寻租与市场创新的关系，发现营商环境可以有效抑制非正常手段和关系资本对创新的负面影响，提高市场创新活力。刘军和付建栋（2019）研究营商关系对企业产能利用率的影响，发现营商环境优化可以降低外部不确定性，提高政府行政审批效率，降低制度成本，同时还可以优化企业与上下游合作方的关系，提高企业产能利用率。赖先进（2020）研究发现营商环境优化有利于经济增长。杜运周等（2020）使用 NCA 和 QCA 两种分析方法研究城市营商环境生态与创业活跃度的关系，发现政府主导逻辑下人力资源驱动型（掠夺竞争型共栖或主导）、政府主导逻辑下资源与创新驱动型（部分互利型共栖）、政府助力下依托公共服务的金融与创新驱动型（部分互利型共栖）、政府与市场双元逻辑下依托公共服务的金融与创新驱动型（完全互利型共栖或共生）四种营商环境生态可以产生高创业活跃度。



（2）营商政务环境与企业投资。

从营商环境的各分项指标来看，政务环境是各类营商环境之首，国内主流评价体系均将政府作为重要的评价主体。21 世纪以来，我国政府持续推行行政体制改革，推进政府职能转变。营商政务环境优化是要打造服务型政府，提高政府办事效率。李先军和罗仲伟（2020）指出服务型政府建设就是要不断推进服务便利化建设，通过服务标准化建设，简化企业办事手续，提升民众的获得感。

史长宽和梁会君（2013）使用世界银行营商项目 2007 年的数据，选取 4 项指标分别检验我国各省的分指标与企业进口之间的关系，发现各省开业时间的缩短对扩大进口有显著影响。洛艾萨和路易斯（Loayza & Luis，2013）认为发展中国家精简商业监管和规制会有利于经济增长。冯笑等（2018）以行政审批中心建立为准自然实验研究政府行政审批效率对城市出口贸易的影响，发现公开透明的审批流程以及部门之间的相互监督，有利于规范审批行为，减少官员寻租行为的发生，有利于企业出口，非国有资本密集型行业和契约密集型行业受益于行政审批中心最大。冯涛和张美莎（2020）发现营商行政环境可以提高政府的行政审批效率，降低政府对企业的干预，节约企业的交易成本，从而促进企业技术创新。郑烨等（2020）基于整体性政府理论，研究发现简政放权的改革、建设政务服务平台可以优化城市的营商环境，政府透明度越高，“放管服”改革对营商环境优化的促进作用越强。

政商关系是营商政务环境优化的重点。钟覃琳等（2016）从反腐败的视角以党的十八大召开为外生冲击研究了政商关系与企业绩效的关系，作者认为腐败降低了行政机构的办事效率，提高了企业的交易成本，对企业的研发创新活动具有抑制效果，不利于企业绩效提升，而党的十八大的召开营造了反腐氛围，中央加大了反腐力度，给企业带来积极的市场反应。辛大楞和辛立国（2019）从腐败视角研究营商关系与产品质量升级的关系，发现腐败对中国产品质量升级有负向影响，这种影响对国际质量认证密集度比较高的行业内企业以及规模比较小的企业来说更大。于文超和王小丹（2020）指出地方官员更替导致地方政企关系重构，短期内政企沟通网络失效会加剧地区信息不对称，降低企业产能利用率，随着政务公开、服务水平的提升，政企网络重构对产能利用率的负向影响将减弱。

（3）营商金融环境与企业投资。

德米尔加科特等（Demirguckunt et al.，2006）研究发现信贷约束对企业增长的影响最稳健。孙晓华等（2015）研究了金融发展与企业研发投资的关系，发现金融环境优化有利于缓解企业的融资约束，提高研发水平。余官胜（2015）区分企业投资动机研究了东道国金融环境对企业对外投资的影响，发现东道国规模层面的金融发展能有效吸引我国企业对外直接投资，且对横向动机的对外直接投资更显著，而结构层面的金融发展作用不明显。李苗苗等（2015）研究发现金融发展与研发投入之间有显著正向关系，但以银行主导的金融发展结构不利于研发投资，研发投资和金融发展均有利于经济增长。

（4）营商创新环境与企业投资。

创新环境有序发展的重要保证就是知识产权保护水平较高。吴超鹏和唐菂（2016）使用中国省级数据研究知识产权保护与企业技术创新的关系，发现知识产权保护有利于减少企业研发溢出损失，还可缓解企业的融资约束，促进企业增加研发投入。冯涛和张美莎（2020）发现良好的法治保障可以解决技术创新外部性问题，提高金融市场的创新资本配置效率，促进企业技术创新。杨畅等（2020）指出生产者合法权益保护的改善缓解了民营企业的融资歧视，有助于民营企业获得长期债务融资。

（5）营商基础设施环境与企业投资。

营商基础设施环境维度的相关研究成果涉及交通、互联网、电信基础设施等，这些是具有正外部性的准公共物品，学者们的研究结论大多表明良好的基础设施环境能够促进地区经济增长。

在基础设施研究中，以交通基础设施对经济的影响研究成果最为丰富。高翔等（2015）关注交通基础设施对服务业发展的影响，发现县级高速公路促进了服务业企业劳动生产率提高，这种作用在有高速公路连接的企业中更高，交通设施主要是通过降低企业的贸易成本发挥作用。张天华等（2017）研究交通基础设施建设对企业配置效率的影响，发现高速公路通过影响价格加成和行业集中度影响企业规模。施震凯等（2018）研究了交通基础设施质量提升对企业全要素生产率的影响，发现铁路提速加快了物流、客流和信息流的交换，创新知识传播速度加快，提升了企业的技术水平，交通基础设施提速的影响在民营企业、出口型企业以及沿海地区更为显著。刘等（Liu et al.，2019）指出良好的交通基础设施可以大大降低地区交通运输成本，引发地区竞争，促进企业全要素生产率提升。

在对其他基础设施的研究中，张军涛等（2011）发现公共基础设施具有空间外溢效应，不仅有助于本地经济增长，还有助于相邻区域经济增长。胡俊（2019）发现地区互联网发展有利于降低信息传递成本、促进知识溢出、帮助制造业数字化改造，最终有助于制造业升级，但考虑全球价值链影响后发现互联网对制造业升级的作用发生改变，我国制造业融入全球价值链存在低端锁定的现象。

（6）营商环境差异与企业投资。

随着近年来跨地区投资活动的兴起，地区之间的环境差异成为影响企业决策和绩效的重要因素。由于营商环境的研究才刚刚兴起，尚未有研究关注营商环境差异对投资的影响。与该研究最相关的文献是制度距离对企业异地投资的影响。制度距离衡量的是经济体之间或区域之间制度环境的差距。营商环境与制度环境的差别在于，政策、法治、文化等软环境相当于地区的制度环境，而营商环境不仅包括软环境还包括基础设施、企业发展的资源禀赋等硬环境。营商环境比制度环境的内涵要广泛，对企业的影响也更深远。

制度距离的研究大多基于交易成本理论或外来者劣势理论指出制度距离是阻碍异地投资的关键因素。制度距离的研究最早出现在跨国投资中，贝瑞（Berry，2010）依据制度理论，将跨国研究中的距离细分为多个维度，包含经济、政治、文化、人口以及地理距离等。菲鲁兹和苏珊娜（Feito - Ruiz and Susana，2011）分析法律和制度环境对竞标者在跨境并购公告日前的公司收益的影响，发现主并企业所在国的法律和制度环境比目标所在国的法律和制度环境越强，对主并方股东并购价值的影响越积极。贾镜渝和李文（2016）使用中国海外并购数据研究距离对跨国并购成败的影响，发现正式制度距离显著降低并购成功率，也对国际化绩效产生负向影响。宋渊洋（2015）研究了制度距离对企业跨地区经营的影响，发现制度距离提升企业经营难度和管理难度，增加交易成本，降低企业实施跨地区经营战略的可能性。

与跨国研究不同的是，国内跨区域并购研究可以排除国别差异后考察各区域制度差异的影响。唐建新和陈冬（2010）研究了并购双方所在地的投资者保护程度差异对跨地区并购绩效的影响，发现目标地投资者保护程度越高于主并地投资者保护程度时，主并企业获得并购收益越大，地区投资者保护程度与企业的公司治理水平、市场摩擦程度紧密相关。姚益龙等（2014）研究了要素市场发展差距对企业异地并购绩效的影响，要素市场发展水平反映政府对地区内土地、资本、劳动力等要素的干预情况，研究发现央企、地方国企以及民营企业在顺流并购和逆流并购中的并购绩效具有明显异质性。

## 2.3 跨地区并购战略的动因和绩效

### 2.3.1 跨地区并购的影响因素

跨地区并购的研究可以追溯到跨国并购或对外直接投资（Foreign Direct Investment，FDI）的相关研究中。早期学者主要探讨影响企业跨国并购的因素。邓（Deng，2004）、巴克利和刘（Buckley & Liu，2007）指出获取市场、自然资源以及战略资产是中国企业对外直接投资的三个主要动机。蒋冠宏和蒋殿春（2012）使用投资引力模型考察了中国企业 OFDI 的区位选择，也得出了相似的结论。本研究将跨地区并购影响因素的相关文献分为以下几个方面。

（1）制度环境因素。

迪科娃等（Dikova et al.，2010）研究了正式制度和非正式制度对并购交易完成可能性的影响，发现制度差异是影响并购的重要因素。科尔斯塔德和威格（Kolstad and Wiig，2009）也从制度角度对该问题进行了探索。布里斯和卡贝洛斯（Bris and Cabolis，2008）研究了投资者保护在跨国并购中的作用，发现主并方投资者保护和会计准则越完善，跨国并购相对于国内并购的溢价就越高。艾瑞尔等（Erel et al.，2012）使用跨国并购数据研究后发现，地理相似度越高越容易发生并购，主并企业多来自所得税率更高和公司治理水平更高的国家。魏江等（2020）采用多案例分析研究了新兴经济体企业在跨国并购中的合法化战略选择，发现来自相同国家的企业并不都存在相似的来源国劣势，根据来源国劣势的不同，制度维和产品维劣势的企业会采取不同的合法化战略。

随着国内市场异地并购的兴起，学者们开始关注国内不同地区制度环境的影响。宋渊洋和黄礼伟（2014）认为中国地区间的制度环境差异是阻碍企业跨地区经营的重要因素，双方制度距离越大、目标地区市场分割越严重，也会阻碍企业的跨地区发展。王文剑等（2007）指出财政分权体制下，地方政府政治锦标赛的竞争使财政支出和税收优惠都对地区间的 FDI 流动产生重要影响。方军雄（2009）认为中国不同省份之间存在明显的市场分割，降低了资源配置效率，研究表明，地方保护主义降低了企业跨地区并购的可能性，但是市场化程度的提高可以有效缓解跨地区并购的障碍。李彬和潘爱玲（2015）基于我国差异性税收优惠视角，研究区域和行业间的税收优惠对并购交易的发生以及并购后的绩效的影响，发现区域性税收优惠可以促进跨区域并购，验证了税收激励假说，行业性税收优惠对跨行业并购诱导效应不明显，但有助于提升并购绩效。王凤荣和苗妙（2015）认为我国不同省份地方政府的税收竞争和区域环境对跨地区并购有重要影响。于明涛和潘爱玲（2018）研究了政府竞争水平差异对企业异地并购绩效的影响，发现政府竞争水平差异显著提升了企业跨地区并购绩效。刘慧凤和杨晓彤（2019）研究发现地区财政投入增加有利于促进文化企业进行跨区域并购。蔡庆丰和陈诣之（2019）研究了金融资源与企业异地并购的关系，发现金融资源越丰富，国有企业越倾向于异地并购，而民营企业越倾向于同地区并购，企业通过并购活动实现了金融资源的再平衡。

（2）文化因素。

艾瑞尔等（Erel et al.，2012）认为文化差异、地理差异、治理差异以及资本市场差异都会对跨国并购产生影响。李诗和吴超鹏（2016）基于政治和文化视角研究1997～2010年中国企业跨国并购的影响因素，发现并购越可能发生在与中国外交关系好、国民信任程度高以及历史交战次数少的国家。温日光（2017）从国家文化的角度探讨了集体主义倾向对并购中定价的影响，发现目标方国家集体主义倾向越大，并购溢价越低。蔡宁（2019）从方言差异的视角研究了文化差异对并购绩效的影响，发现并购双方企业所在地的方言差异越大，企业短期市场反应和长期绩效越好，支持了方言差异的“学习效应”假说，国有产权、关联并购、同省份并购会削弱方言差异的学习效应。潘爱玲和吴倩（2018）以文化企业跨地区并购为样本，研究发现文化资源是影响文化企业异地并购的重要因素。李路等（2020）研究了收购方管理层与目标企业所在地之间的语言差异对并购绩效的影响，发现语言距离会影响文化整合进而降低并购绩效，这种影响受并购类型、产权以及地区市场化程度等因素的调节。吴倩等（2020）研究了高铁通车和地区间信任因素对跨地区并购决策的影响，发现高铁通车通过提高信息传递效率增加异地城市之间的并购规模，以两地区的方言差异表示地区间信任，发现地区间信任程度越高越有利于提升并购规模。

（3）高管特征因素。

由于委托代理问题的存在，管理者并不总是以股东的利益最大化为核心追求，其自利行为可能会对并购交易产生影响。陈仕华等（2015）基于成长压力理论，使用2004～2013年国有上市公司数据，从国有企业高管面临政治晋升压力的角度研究对并购行为的影响，发现晋升机会高的国企高管会积极推进企业并购且会支付更高的并购溢价，但长期绩效表现更差。马丁和麦康盖尔（Martin and McConnell，1991）认为并购是控制管理人员行为非价值最大化的一种手段，在并购之前业绩不好的管理人员在并购后往往会被更换。蔡庆丰等（2017）研究了民营企业家政治关联层级对异地并购的影响，发现民营企业家政治关联层级越高越会进行跨市并购、越不会进行跨省并购，越会进入经济欠发达和市场化程度较低的地区，政治关联有利于民营企业进行“政策套利”。潘爱玲等（2018）指出过度自信的管理者更容易产生心理偏差，在并购中更容易达成更高的交易价格，形成高并购溢价，这种影响在民营企业中更为显著。李善民等（2019）研究了风险投资股东与目标公司的地理交叠对异地并购决策和绩效的影响，发现异地风投股东具有信息优势和社会网络优势，可以发挥咨询功能，有利于提高企业在目标地并购的成功率。彭聪等（2020）研究了高管校友圈与跨地区并购的关系，发现校友关系网络越强，跨地区并购越多，校友圈发挥了信息传递和资源整合的作用，可以有效降低市场分割程度。



除了核心高管之外，并购中的其他相关人员例如董事、审计师、机构投资者、风险投资等也会对交易产生影响。巴苏伊和达塔（Basuil and Datta，2017）对外部董事的人力和社会资本的作用进行了探索，发现董事任期、外部董事任命以及特定区域的跨国并购经验对并购公司的股东价值有重要影响。刘春等（2015）基于中国严重地区分割的现实情况分析了异地独立董事对跨地区并购的影响，认为异地独董通过本地关系网络可以充分发挥咨询功能，对民营企业的作用更强，而国有企业由于存在政府干预和本身的代理问题导致异地独立董事的作用难以发挥。

（4）企业特征因素。

企业特征方面，学者们主要关注产权性质、企业规模、资产比例、并购经验等对并购行为的影响。薛有志等（2012）研究了企业特征对

"逆势"跨国并购的影响，发现国有企业、无形资产比例较低以及企业规模较小的企业倾向于向较为发达的北美地区并购。加拉沃特等（Galavotti et al.，2017）基于组织学习理论指出并购经验对跨国并购具有重要影响，国内市场的收购经验累积到一定程度后会对跨国并购活动产生正向促进作用，但在到达节点前与跨国并购负相关，即国内收购经验与跨境收购的可能性之间存在U形关系。潘红波和余明桂（2011）研究指出，由于政府对国有企业存在较多干预，所以地方国有企业的跨地区并购显著少于民营企业，跨地区并购后的地方国企由于缺少了地方政府的支持，所以并购绩效较差。张明等（2019）利用模糊集定性比较分析方法基于中国企业对94家境外高新技术企业的并购交易事件研究中国企业跨国并购中的股权选择问题，发现专业买家式并购和行业专家式并购两类并购模式可支撑中国企业采取完全并购的策略。肖土盛等（2018）研究了企业风格对民营企业异地并购的影响，发现"关系导向型"民营企业更倾向到"清廉度低"政府环境中并购，"市场导向型"民营企业则更倾向到"清廉度高"政府环境中并购。



### 2.3.2 跨地区并购的绩效表现

跨地区并购绩效如何尚未取得一致的结论，因此学者们倾向于从一些特定因素出发研究并购绩效的提升方式。

一部分学者对外部环境因素进行探讨。乔瓦尼（Giovanni，2005）使用重力模型研究了多种因素对跨国并购的影响，研究发现，主并方所在地股票市场的发展对并购有重要影响；距离因素增加了信息成本阻碍了并购，但是通信流的作用相反；相同的语言、双边服务协议、双边资本协议税有正向影响。余鹏翼和王满四（2014）指出并购双方的文化异质性对跨国并购绩效有显著的正向影响。王艳和阚铄（2014）研究了主并企业文化对并购绩效的影响，发现主并企业的文化强度与长期并购绩效负相关，如组织文化太强，则不利于并购后的整合。黄等（Huang et al.，2017）选择了文化要素中的权力距离维度研究对跨国并购绩效的影响，发现国家间的权力距离差异对并购后的长期绩效有负面影响，且在并购方大于目标方时更明显。康（Kang，2014）研究日本收购美国公司的交易样本，发现汇率变动对并购回报有显著的影响。

中国的特殊制度环境对并购绩效有重要影响。潘红波等（2008）指出地方政府对企业既存在“支持之手”又存在“掠夺之手”，对盈利和亏损的地方国有企业的并购绩效表现出相反的影响。唐建新和陈冬（2010）研究发现当目标地区投资者保护程度越高时，地区治理环境越好，公司治理水平越高，则并购后双方在治理方面会产生外溢效应或拔靴效应，提升企业的并购绩效。姚益龙等（2014）从要素市场发展差异的角度探讨了不同产权性质下企业异地并购的绩效表现，由于央企、地方国企以及民企受地方政府的干预程度存在差异，因此在向要素市场发展水平高或低的地区并购的绩效也明显不同。陈胜蓝和马慧（2017）研究卖空压力对并购绩效的影响，发现卖空管制放松对并购长短期绩效均有正向影响。

公司治理对并购绩效也有重要影响。吴超鹏等（2008）认为首次并购成功的管理者更容易过度自信，如果后续学习能力不强，则容易导致后续的连续并购绩效不佳。余鹏翼和王满四（2014）使用跨国并购数据检验多因素对跨国并购综合绩效的影响，发现主并方第一大股东持股比例越高、使用现金支付，越有利于并购后绩效的提升。李曜和宋贺（2017）认为风险投资的参与可以降低并购中的信息不对称从而降低并购成本，使用我国创业板上市公司数据对风险投资与并购绩效的关系检验后发现，有风险投资支持的企业并购的长短期绩效就相对较好。周绍妮等（2019）研究发现机构投资者可以抑制高管权力对并购绩效的负面影响，这种作用在跨地区并购中更为明显。



企业特征也是影响并购绩效的因素。穆勒等（Moeller et al.，2004）研究发现并购收益中存在着规模效应，在控制企业和交易特征后小公司相对于大公司可以获得更高的并购绩效。屈佩尔等（Cuypers et al.，2017）认为并购经验丰富的一方在并购中能获得更多的价值。辛格和蒙哥马利（Singh and Montgomery，1987）研究发现相关行业之间的并购有利于并购后资源更有效的整合，所以目标公司可以比无关并购获得更多的收益，但对于主并公司却没有明显影响。翟进步等（2011）研究了不同并购融资方式对并购绩效的影响，发现股权融资有利于企业市场绩效、股东价值和未来财务绩效提升，而债务融资方式刚好相反。与中国市场不同，在西方较成熟市场上，辛格和蒙哥马利（2009）研究发现，权益融资方式降低了主并公司的市场绩效，其原因在于发行股票向市场传递了公司股价被高估的信号。

并购决策属性也对并购绩效产生影响。劳伊和韦尔马伦（Rau and Vermaelen，1998）研究发现市场和管理者过高估计企业价值而使用股票支付方式，并购后随着投资者回归理性企业价值会下降。布鲁塞尔（Bruslerie，2012）认为在非对称的信息环境中，主并方会选择股权支付的方式以应对被并方资产可能的高估；反之，如果预期会取得收益，主并方则会选择现金支付的方式。葛结根（2015）研究了并购支付方式对并购后综合财务绩效的影响，发现资产支付方式的绩效在短期表现较好，现金支付方式以及组合方式的绩效总体平稳。白雪洁和卫婧婧（2017）研究指出异地并购对社会福利影响不显著。潘爱玲等（2017）研究发现业绩补偿承诺对目标方并购业绩具有激励作用。吕长江和韩慧博（2014）使用中小板和创业板数据研究了并购中签订的业绩补偿承诺对并购协同效应的影响，发现业绩补偿承诺具有信号作用和激励作用，虽然可以推高并购溢价，但是能为股东带来收益。王竞达和范庆泉（2017）研究发现并购后的初期业绩承诺完成率显著高于后期，且高业绩承诺推高了资产评估和交易价格，使并购估值和并购溢价都升高。



## 2.4 文献评述

通过梳理相关文献发现，虽然国内外学者在政策不确定性与企业投资、营商环境、跨地区并购领域积累了较为丰硕的成果，但仍有以下几个方面有待补充和完善。

第一，缺乏基于中国制度背景分析目标地政策不确定性对跨地区并购影响的研究。从已有文献来看，政策不确定性影响企业一般投资行为的研究已较为成熟，但政策不确定性影响并购行为的研究仍较少，其中聚焦于跨地区并购的文献更少，且均以跨国并购为对象，尚未有研究关注政策不确定性对国内企业跨省市并购的研究。

从政策不确定性衡量指标的代表性来看，区别于反映宏观经济政策变化的经济政策不确定性指数，由地方官员更替引发的区域政策不确定性更能体现出政策背后“人”的作用，其实质是我国地方政府官员为了政治锦标赛竞争干预地方经济发展，而干预的政策手段随政府换届出现周期性波动。因此，使用地方政府官员更替数据代表国内的政策不确定性更能体现我国政府治理中的特殊性、反映中国特色，而目前缺乏使用官员更替数据研究国内企业跨地区并购的文献。

从政策不确定性影响并购的研究角度来看，现有研究多从主并企业的角度研究企业所在地政策不确定性对并购的影响，而并购交易过程和整合主要与目标企业有关，主并地政策不确定性对并购评估、谈判、整合等各阶段的影响需要由主并企业传导至目标企业，所以最后的政策效应存在主并企业和主并地区特征的“噪音”。因此，选择目标地的角度进行研究可以提供政策不确定性影响企业并购的更为直接和有效的证据。

第二，政策不确定性影响并购的机制研究不够深入，缺乏交易层面的机理分析。从政策不确定性影响并购的机理来看，现在研究多沿用政策不确定性影响一般投资活动的机理，即使用实物期权机制和金融摩擦机制解释政策不确定性对并购活动的影响，但是这种处理方法是将并购活动视为一个整体，未能展示政策不确定性在交易层面对并购各环节的影响。虽然李（Lee，2018）也讨论了东道国政策不确定性对并购相对谈判地位的影响，但仅关注了并购谈判这一个交易环节，没有分析政策不确定性对其他交易环节的影响。因此有必要从交易层面研究政策不确定性对跨地区并购的影响，并剖析交易各环节的具体影响机制，以提供政策不确定性影响并购的更为细致的证据。



第三，缺乏从营商环境差异角度探讨缓解企业并购中政策不确定性风险的研究。营商环境是与企业生存发展密切相关的外部综合因素。现有文献探讨了营商环境对本地企业创新、生产效率、经营活力等的影响，尚未有研究关注地区之间的营商环境差异对企业跨地区并购的作用。此外，关于营商环境的评价，以世界银行的评价体系应用最广，但该体系主要侧重于国与国之间的比较，对于一国内地区差异关注不足。虽然近年来的报告也包含了中国30个城市的评价数据，但不足以反映我国广袤土地上各行政辖区的实际营商环境情况。近年来也有学者对部分省份、典型城市的营商环境进行评价，但针对全部省份构建综合评价体系的研究仍较少。因此，有必要构建涵盖政务、金融、创新、基础设施多维度的营商综合环境评价指标体系，测算不同地区的营商环境差距，并检验营商环境差距对政策不确定性与跨地区并购决策关系的影响。

# 第3章 政策不确定性与跨地区并购战略概述

## 3.1 理论基础

（1）实物期权理论。

投资的净现值理论认为企业作出投资决定是根据项目净现值最大化原则，如果净现值大于零则可以进行投资，但是该理论假定投资者可以获得有关投资项目的全部明确的信息，即可以准确预测投资项目未来各期的现金流入量、流出量以及折现率。然而实际情况是，与企业投资项目有关的信息存在较大的不确定性，就可掌握的信息估算的净现值可能与实际情况相距甚远，企业依据该信息作出的投资决策可能遭受巨大损失也可能收益明显。

实物期权理论认为在不确定性环境下企业的投资类似实物期权。该理论有两种观点，增长型实物期权和等待型实物期权。增长型实物期权强调，不确定性意味着投资机会和潜在利润。企业管理者通常具有风险追逐的特点，会根据市场变化及时调整投资策略来抓住投资机会。当不确定性较高时，企业投资会显著提高市场占有率获得超额收益，而如果投资失败仅会损失少量的初始投资，所以增加投资是有利的。等待型实物期权认为投资项目存在沉没成本，投资是不可逆的，不确定性意味着风险和损失。伯南克（Bernanke，1983）指出当投资项目是不可逆时，企业需要在等待投资给企业带来的额外信息与早早做出承诺给企业带来的好处之间权衡。当未来现金流或折现率不确定的情况下，未来投资可看作一种看涨期权，延迟投资比立即投资带来的回报更大。理性的管理者应该在不确定性时期延迟投资或削减投资。本研究认为政策不确定性会降低企业投资规模，支持等待型实物期权的观点。

（2）金融摩擦理论。

在不完美的金融市场上，不确定性上升会增加金融市场上的“噪音”，加剧企业与外部资金提供方的信息不对称程度，企业违约风险升高，金融摩擦加剧（Gilchrist et al.，2014）。政策不确定性使金融市场因信息不对称增加交易成本，主要包括信息成本、控制成本、监督成本等。信息成本指银行等资金供给方无法准确识别“好公司”和“坏公司”，“坏公司”无法带来价值增值却挤占了“好公司”的信贷资源，导致好公司的借贷成本上升。控制成本指借贷的企业有道德风险，可能在投资的过程中选择不利于债权人而有利于个人的价值增值项目，为了降低借款企业的代理成本，资金投资人需要付出成本督促借款企业按照约定行事。监督成本指借款人出于自利动机可能隐瞒企业的真实经营情况，资金提供方需要花费一定的成本才能验证信息的真实性。

外部不确定性较高时，企业披露的特质信息减少，银行等金融机构评估企业偿付能力、监测项目进展的成本和困难程度都明显上升，出于风险控制的目的会在放贷行为上更加谨慎，倾向于调高贷款成本或收窄贷款规模（宋全云等，2019），还可能在贷款时要求企业提供抵押品（谭小芬和张文婧，2017）。钱爱明和张晨宇（2016）研究发现政策不确定性提高了企业的债务违约风险，银行提供的信用借款明显减少，担保借款比例显著提升。银行等金融机构的调整贷款利率和规模的策略使企业的融资成本明显提高，企业在市场上可以获得的资金减少。企业规模扩张的计划以及日常的创新投资缺乏充足的资金保障，投资需求被抑制。



（3）政府竞争理论。

地方政府竞争源于西方的财政分权理论。中央政府将财政税收权力划分为中央管辖和地方政府管辖，地方政府拥有一定的财税收支权力。由于地方政府官员的考核和晋升权力仍掌握在中央政府手中，所以财政分权和考核晋升上的集权导致地区之间逐渐形成了竞争态势。地方政府之间的锦标赛竞争对经济发展产生显著影响（周黎安，2007；张军和高远，2007）。地方政府为了获得更好的绩效表现，有动机利用财政税收手段、行政手段引导辖区内的企业发展。例如，政府可以设置税收优惠、退税、财政补贴等政策吸引企业来本地投资。企业在对比不同地区的政策后会主动选择税收优惠多的地区。此外，地方政府为了保护本地产业发展，有动机阻碍本地资源外流，也会帮助本地企业抵御外部竞争。因此，地方政府竞争一定程度上推动了技术、知识、资金等要素的流动，但是也成为地区壁垒形成的重要因素。

（4）制度基础理论。

新制度经济学认为制度是企业运营的一种外部约束。目前管理研究中的制度基础观由新制度主义演化而来。战略管理中认为企业的决策通常受三种因素的影响，产业竞争、企业资源和能力以及制度环境，这三种因素分别构成了战略管理的三大研究视角，如图3-1所示。企业在某些因素的影响下作出战略决策，进而影响绩效，本书沿着该逻辑，选择制度环境和制度变迁这一视角展开研究。

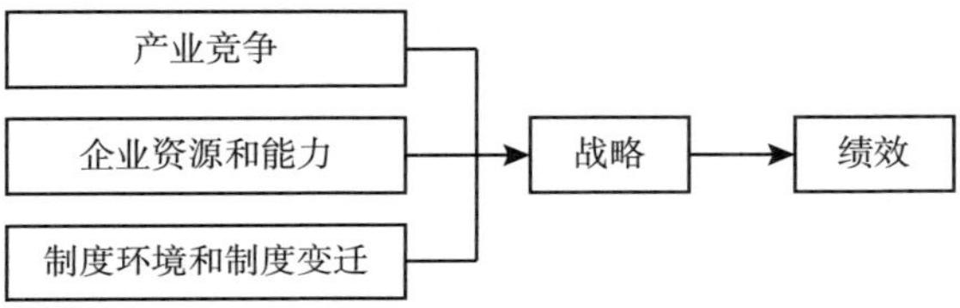


**图3-1　影响企业战略决策的三种因素**

制度基础观指出企业战略决策是制度与企业动态互动的结果（Peng et al.，2009）。企业的范围取决于交易成本，而交易成本受企业外部制度环境的影响。企业如何解读和应对制度环境，决定了企业是否拥有合法性，进而影响经营成本甚至企业成败。本研究考察制度环境动态变化对企业战略决策及其绩效的影响。目标地区官员更替导致的政策不确定性使企业交易成本和组织成本发生变化，企业跨地区并购的决策及绩效受到影响。

## 3.2　政策不确定性的来源及特征

1982年以来，为了实现领导干部年轻化和知识化的目标，我国的官员治理中先后引入了官员任期和异地交流制度，该制度可以有效防止长期任职惰性和人际交往腐败（陈刚和李树，2012），成为中央政府除显性的绩效考核指标之外的另一项重要的治理地方官员的隐性手段（张军和高远，2007）。统计显示，我国官员任期平均为3～5年，官员更替成为一种常态，对地区政治生态产生重大影响。

官员更替会引发地方经济政策出现不确定性。地方官员是地区经济政策的主要制定者和执行者，通过干预地区经济政策影响企业投融资活动，因此地方经济政策是官员作用于企业活动的政策工具。朱里奥和约克（Julio and Yook，2012）指出政府官员能够通过行业法规、货币政策、贸易政策、税收政策来影响企业的微观决策。杨梅生等（2014）指出财政和信贷攻策工具是地方官员引发地方经济政策不确定性的渠道。中国的财政分权制度给予地方官员在财政收支方面较大的自由裁量权，大量文献研究表明官员会利用财政、税收手段干预地方经济发展（周黎安，2007）。官员可通过向辖区企业发放财政补助、给予税收减免等引导地区投向，也可以利用行政手段处罚不符合地区发展要求的企业。官员更替导致地区财政政策、税收政策以及行政监管政策出现不确定性。



政策不确定性特征体现为政策方向、执行以及预期的不确定性。

第一，新旧官员执政风格差异导致地区政策方向出现不确定性。高层梯队理论认为，高管会根据其经验和价值观作出战略决策，进而对组织结果产生影响（Hambrick and Mason，1984）。在地区治理中，地方官员作为地区的最高层管理者，其个性特征也会对地区发展产生影响。官员的年龄、受教育程度、性格以及成长经历、过去的工作经历等潜移默化地影响官员的执政风格，使其表现出对特定发展方向的偏爱、对上级政策的特殊解读以及政策执行的力度的明显差别。新任官员对地区的发展规划、投资重点等可能显著区别于上任官员，因此表现出限制或鼓励某些行业的发展，例如限制不受鼓励的新项目上马、对违规企业加大处罚力度、暂停正在推进的项目等。宋凌云等（2012）研究发现官员会基于个人偏好将资源投入某些产业促使产业结构调整。黎和扎克（Le and Zak，2006）指出新旧官员可能对政策表现出完全不同的立场，致使政策出现不稳定性。此外，官员交替往往还会对政府部门的工作效率产生影响，敏感项目的审批也可能会被进一步搁置。

第二，官员的晋升激励和政绩诉求导致政策执行出现不确定性，在官员更替期出现明显波动。我国的行政分权和财政分权制度赋予了地方政府在经济发展决策、财政收入分享、财政支出等方面的部分决策权，地方官员在任期内业绩考核的结果成为官员政治任免的依据。分权制度和晋升考核使地方政府之间长期存在着以GDP为核心的锦标赛式的竞争博弈（周黎安，2007）。新任官员在晋升激励下有极大的热情发展当地经济。李和周（Li and Zhou，2005）发现地方官员的晋升与本地区前任官员的经济绩效表现密切相关。为了彰显自己的出色业绩，新任官员往往需要出台新政策或做出超越前任的成绩。加之任期较短，为执政业绩在任期内能显现出来，新任官员往往在上任之初就大力推行新的政策或行动。何山和李后建（2014）指出官员更替导致官员短视以及执政行为浮躁。王贤彬等（2009）也指出新官员通常以更迅猛的经济扩张来掩盖前任官员遗留的经济隐患。由于地方政府对辖区内企业项目的审批、财政资金的支出、银行授信等具有一定的决策权，因此在官员更替期，地方政策在较大范围内会出现明显异于前任官员任期的波动。

第三，官员更替导致政企联系断裂，企业对政策的预期出现不确定性。官员任期越长，在地方建立的关系网越复杂，与企业的关系越紧密（梁平汉和高楠，2014）。企业可透过关系网获取一定的内部信息以应对突然变化的政策形势，减少经营的不确定性。官员更替使企业与前任官员的联系断裂，而与新任官员的联系尚未建立，企业无法在政治敏感期获取足够的私有信息，因而对未来政策走向形成不确定性预期。



综合来看，我国各地区的主政官员更替会导致财政、税收、行政监管政策出现不确定性。新旧官员的执政风格差异、晋升激励以及与辖区企业的关系网更迭导致地方政策展现出方向、执行、预期等方面的特征，对辖区内企业以及与之相关的各利益相关者的生产经营活动产生重要影响。

## 3.3　政策不确定性、营商环境影响跨地区并购的分析框架

跨地区并购是企业资本和资源基于新的产权安排在异地空间范围内的重新组合，并购交易复杂，需经过初期论证、标的选择、尽职调查、与目标企业谈判、并购实施以及并购后整合等多个阶段。并购交易体量

大，对未来收益是否可预期具有高度的敏感性。跨地区并购能否顺利实施、交易成本和预期收益高低都与目标地区制度环境密切相关。目标地的政策不确定性将对企业的跨地区并购战略决策及绩效产生怎样的影响，其具体影响机理又是什么，本书将对以上问题进行回答。

本书依据制度基础理论中"制度环境和制度变迁→企业战略决策→企业绩效"的逻辑思路，以企业跨地区并购为研究情景，提出研究主线"政策不确定性→企业跨地区并购决策→企业跨地区并购绩效"。如图 3－2 所示。

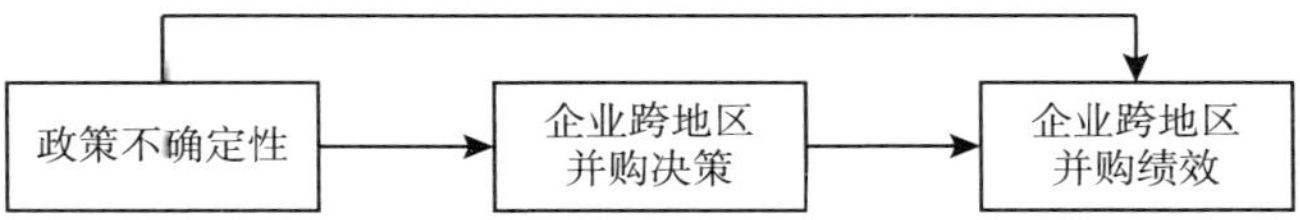


**图 3－2　研究主线**

本研究探讨目标地政策不确定性如何影响企业的跨地区并购决策以及并购决策如何影响企业的并购绩效。值得注意的是，目标地政策不确定性不仅通过并购战略影响并购绩效，还直接对并购绩效发挥作用。



此外，由于跨地区并购具有属地特征，主并企业与目标企业之间的制度差异也是影响企业跨地区并购的重要因素。本研究以内涵更为广泛、对企业投资影响更大的营商环境作为评价对象，测算并购双方企业所在地的营商环境差异，并考察双方营商环境差异是否会对目标地政策不确定性下企业的跨地区并购战略决策产生影响。最终总体研究逻辑如图 3－3 所示。

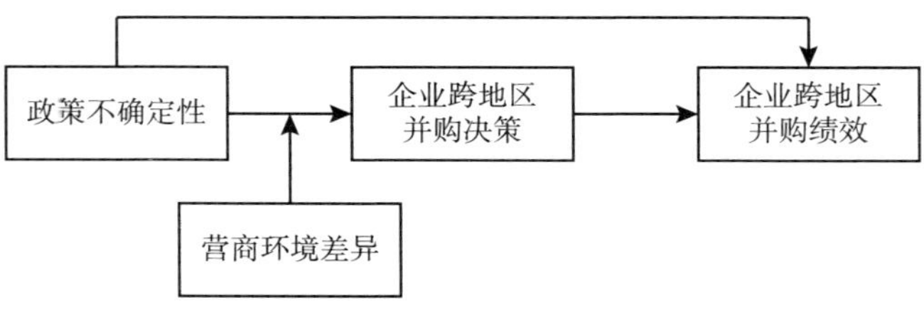


**图 3－3　总体研究逻辑**

### 3.3.1　政策不确定性影响企业跨地区并购决策的框架

本部分结合并购交易环节研究目标地政策不确定性如何影响主并企业跨地区并购规模，提出目标地政策不确定性影响主并企业跨地区并购规模的机制；最后进一步考察主并方特征对政策不确定性与跨地区并购规模之间关系的异质性影响。逻辑框架如图3-4所示。

目标地官员更替主要通过财政、税收、行政监管等政策工具影响企业并购决策。政策不确定性对企业跨地区并购规模决策的影响主要体现在并购准备阶段和实施阶段，影响并购审批、目标价值评估以及并购谈判等交易环节，具体影响机制可归纳为竞争保护机制、低效评估机制和强势议价机制。

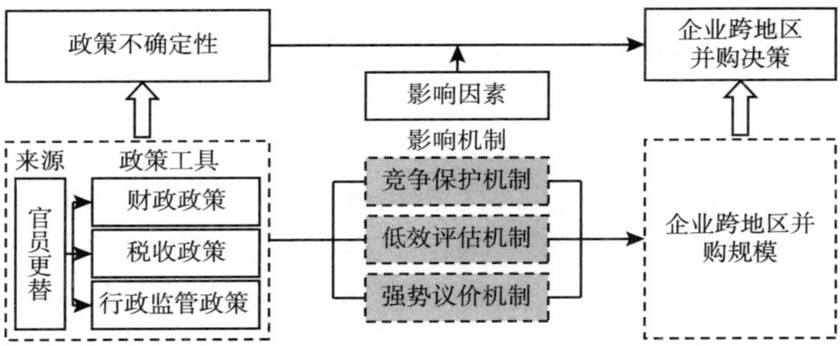


**图3-4　政策不确定性影响企业跨地区并购决策的逻辑框架**

### 3.3.2　营商环境差异影响政策不确定性与跨地区并购决策关系的框架

营商环境是指企业整个生命周期内生产经营活动所面临的外部综合环境。跨地区并购涉及两个地区的营商环境，必然受到地区之间营商环境差异的影响。营商环境差异决定了主并企业相对目标企业所具有的资源和能力优势，有利于帮助主并企业克服跨地区并购中目标地政策不确定性的影响。

本书设计并构建了我国省级层面营商环境的评价指标体系，计算了跨地区并购双方所在地的营商环境差异，并将营商环境差异分为政务、金融、创新以及基础设施四个维度，分别研究各维度差异对政策不确定性与跨地区并购决策之间关系的调节作用。具体逻辑如图3-5所示。

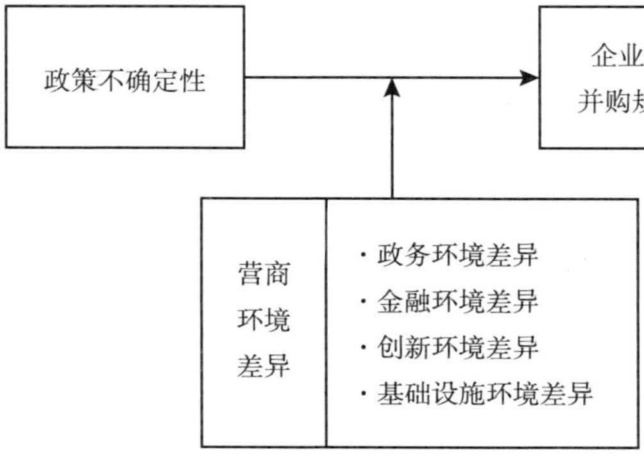


图3-5　营商环境差异的调节效应逻辑

### 3.3.3　政策不确定性影响企业跨地区并购绩效的框架



并购能否取得收益与并购整合阶段密切相关。并购整合的效果一般通过收购后的目标企业后续经营反映出来，当运营合并后的企业面临较高的成本时，并购绩效就难以保证。目标地政策不确定性会增加合并后的企业与主并企业、政府、金融机构、供应商等之间的信息不对称程度，影响主并企业在整合过程中的监管治理成本融资成本和非生产性成本，对并购绩效产生直接影响，并通过跨地区并购规模对跨地区并购绩效产生间接影响。具体研究逻辑如图3-6所示。

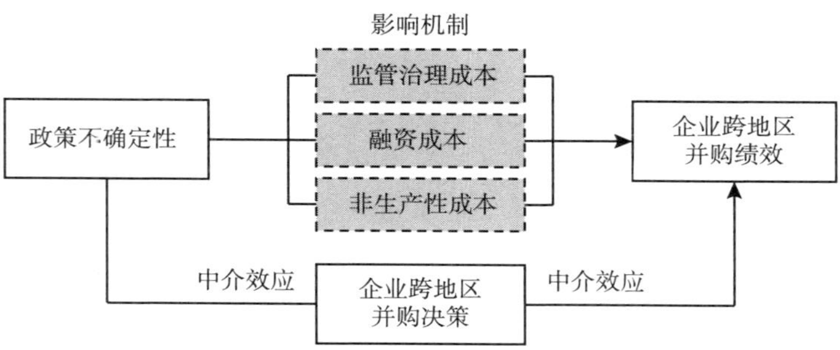


图3-6　政策不确定性影响企业跨地区并购绩效的逻辑

# 第4章　政策不确定性与企业跨地区并购决策

## 4.1　政策不确定性影响跨地区并购决策的机理

### 4.1.1　政策不确定性影响跨地区并购

企业的投资活动对未来收益是否可预期具有高度的敏感性。由于跨地区并购具有区域跨度，因此企业在做出决策前特别关注投资地区的制度环境是否存在不确定性。虽然主并企业所在地的制度环境也对并购交易产生影响，但这种影响更为间接。目标方所在地的制度环境直接影响交易的达成、交易规模以及并购后企业的整合，所以目标地的政策不确定性对并购交易的影响更为直接和明显。本研究主要关注目标企业所在地的政策不确定性是否对跨地区并购决策产生影响。

企业并购活动根据交易流程可划分为准备阶段、实施阶段和整合阶段。准备阶段主要涉及对外部法律环境以及目标公司的尽职调查；实施阶段通常包括并购谈判、签约和履行合同等过程，该阶段主要对交易价格、支付方式、并购后人事安排、税费等进行约定；整合阶段主要涉及对财务、人力、资产、文化等方面的整合。本研究认为目标地政策不确定性对企业跨地区并购决策的影响主要体现在并购准备阶段和实施阶段，影响并购的审批通过率、资产评估和并购谈判等方面。

以往文献关于政策不确定性对企业投资的影响机制主要有实物期权机制和金融摩擦机制。实物期权机制是指由于资本具有不可逆性，当不确定性较高时，延迟投资可以看作一种看涨期权，企业通常会主动缩减投资以应对不确定性（Bloom，2007）。金融摩擦机制是指不确定性上升会增加金融市场上的“噪音”，加剧企业与外部资金提供方的信息不对称程度从而提高企业的融资约束，致使企业被动减少投资（Gilchrist et al.，2014）。虽然这两种机制均可以解释企业在应对不确定性时如何做出投资决策，但都是针对整体的投资活动而言，并没有深入交易层面（Bhagwat et al.，2016）。而且具体到本研究的跨地区并购行为，以往的研究多关注到投资方的政策不确定性对其决策的影响，很少有研究关注被投资方的政策不确定性影响投资方的机制。

基于此，本研究深入并购交易层面，结合并购交易环节研究目标方所在地的政策不确定性如何影响主并企业跨地区并购，提出目标地政策不确定性影响主并企业跨地区并购决策的机制，即竞争保护机制、低效评估机制和强势议价机制，如图4－1所示。

**图4－1　政策不确定性影响跨地区并购规模机制**

（1）竞争保护机制。

竞争保护机制是指新任官员出于政治晋升动机积极干预辖区内企业的并购活动，降低目标公司并购交易的审批通过率、增加交易时间，从而降低区域外企业大规模并购本地目标的可能性。

政府竞争理论指出，中国式分权和晋升激励导致地方政府之间围绕经济发展开展锦标赛竞争。新任官员想要在任期内做出成绩必须在上任之初积极鼓励本地企业做大做强，并保护税源和经济利益不外流。白重恩等（2004）指出地方政府为保护地方行业免于外部竞争会主动建立地区间的贸易壁垒，如果企业对地区税收和就业贡献率高，则这种动机更为强烈。从制度角度来讲，外来企业收购本地企业后其行为和规范难以获得新任官员的认可，合法性不足使得跨地区收购方案难以大规模推行。

新任官员干预企业被异地收购的动机，具体有以下三点。

其一，外来企业收购本地企业可能会造成税源外流，不利于官员政治绩效考核。辖区内企业是地区GDP、财政收入以及税收收入的主要贡献者，主并企业收购本地企业会导致财源和税源外流（潘红波等，2008），降低本地区的业绩表现，不利于官员的考核评价。周黎安（2004）指出具有政治和经济双重竞争的不同地区地方官员之间合作空间非常狭小。跨地区并购会增加主并企业所在地政府官员的政治绩效，降低具有竞争关系的本地官员的晋升机会，所以不会得到本地官员的支持。

其二，收购活动可能危害地区产业生态，降低目标企业竞争力。生态位理论认为，地区内企业之间或竞争或合作的关系在地区内建立起一个小型的生态系统，每个企业都是产业链上的重要一环，参与产业链分工、分享收益，具有自己的相对地位和特定服务功能（Kapoor and Furr，2015）。分工和专业化是企业共生的基础（孙金云和李涛，2016）。当外来企业收购本地企业时，主并企业对目标企业的影响可能会改变目标企业的业务范围或经营方式，目标企业被动地改变与原有的资源、能力不匹配，就会降低其竞争力，改变其在地区产业生态圈的竞争地位，打破原有的生态平衡。夏立军等（2011）指出地方政府有动机保护没有市场竞争力的本地企业。此外，我国地区投资者保护制度尚不完善，主并企业如果利用控股权地位“掏空”目标企业，掠夺目标企业关键资源，则会显著降低目标企业的竞争力（李增泉等，2005）。一个产业链重点企业的竞争地位改变会波及整个产业生态系统的稳定性，造成地区投资损失。如果目标企业所处的产业为地区经济发展的支柱性产业，那么地方政府官员基于产业保护的目的会限制外来企业对产业内企业的收购。

其三，并购活动可能带来社会福利损失等负外部性问题，加重地区官员治理压力。目标企业在收购完成后成为主并企业的子公司，母公司控制子公司的管理决策，子公司的资源配置需要服从母公司的总体安排、为整体公司的利益最大化服务。当母公司需要战略调整时，很可能削减子公司的部分业务或者减员增效，这种牺牲子公司的行为会导致子公司所在地的经济发展水平下降、企业福利减少、失业人员增多等。社会福利损失严重影响社会稳定，地方官员的治理压力陡增，为防患于未然，地方官员在对待当地企业被收购的问题上会谨慎决策。

在政府竞争和晋升考核压力下，新任官员有动机干预主并企业的收购活动。地方企业的收购活动必须获得政府的收购许可，并购合同也需要政府有关部门的核准，如果目标企业涉及重点领域或敏感行业，还需要做进一步审查。有关部门对涉及税收外流的项目或重大项目会审慎决策，通常审批时间较长，加之主政官员更替的敏感期，负责审批的官员为避免工作失误、或与新官员的政策方向相悖，会倾向于进一步延迟审批。杨梅生等（2014）指出官员更替会导致政府工作出现“断档期”，政府工作效率在换届期间会出现明显下滑。因此，无论是新任官员主观利用行政审批手段降低目标企业收购方案通过概率的原因，还是工作人员因避免在官员更替期工作失误延迟审批的原因，都会增加主并企业的收购时间、降低其并购方案通过的概率。并购规模越大，对目标地的税源外流和其他负外部性影响就越明显，并购方案被审查的风险就更高。因此，目标地官员更替时区域外企业来此并购的规模相对较小。

（2）低效评估机制。

低效评估机制是指目标地政策不确定性导致用来评价目标企业未来盈利能力以及并购协同收益的内外部信息环境恶化，主并企业难以准确评估目标企业的实际价值，致使并购意愿下降，进而降低并购规模。



并购是一项具有高度信息不对称的活动，由于目标企业多为非上市公司，信息披露不完善，一些重大信息可能会被隐藏或虚假披露。主并企业为了更好地摸清目标情况，往往需要聘请中介机构对目标企业进行多方面的尽职调查，包括目标方外部环境、目标方自身资产和财务状况、目标方相关单位情况等。尽职调查的目的是更准确地对目标公司估值，减少因错误估计目标公司给主并方带来的协同效应而支付过高溢价。

目标地政策不确定性对尽调过程和内容的影响会降低评估的准确性，具体而言：

第一，在目标方的外部政策环境调查方面，目标地政策不确定性使目标方未来承担的政策风险增大。外部政策环境是尽职调查中首要考虑的因素，往往涉及重大风险，如果目标方政府政策不允许域外企业来此收购，那么后续一切并购方案都不可行。对目标企业的外部政策环境考察，主要涉及贸易、税收优惠、行业等方面的法规以及当地政府或部门的特殊规定。中介机构需要核实目前目标公司相关的行业规定、享受的政策优惠，例如评估目标方政府给予目标企业的政策优惠是否会因目标企业被域外企业收购而终止（秦米源，2013）。当官员更替时，目标企业可能因不在新官员规划的支持行业之列而面临税收优惠减少或终止，也可能因不符合新政策规定而面临行政处罚。卢洪友和张楠（2016）研究指出地方政府换届会提高税务机关的税收征管力度。官员更替导致的政策不确定性使目标企业未来面临的政策风险升高，企业原本存在的政策支持优势可能随着新官员的上任而逐渐消失，企业发展前景面临较大不确定性，给主并方的评估带来一定困难。

第二，在目标企业经营和财务信息调查方面，目标公司可利用外部政策不确定性掩盖企业实际较差的经营情况。对企业经营和财务状况的调查主要核实财务报表的真实性、股权是否清晰、有无合同纠纷、有无潜在债务、关联关系情况等。考虑到尽调时间成本和信息搜集成本，对目标公司实际运营情况的调查主要依靠目标公司提供的财务报表以及公司情况资料。在自利动机下，目标公司可能会故意扭曲财务信息，制造企业经营状况良好的假象，以博取更高的并购支付价格。赵璐和李昕（2018）研究发现收购方不能完全识别目标方的财务舞弊行为会导致并购高溢价。当外部政策不确定性较高时，中介机构对目标公司提供的材料进行多方核实存在一定困难，相关方也可能因政策不稳定无法准确提供有价值的信息，目标公司可以将经营不善、资产缩水等问题归结于外部政策环境波动。陈等（Chen et al.，2018）研究发现，在官员更替导致的政治不确定时期，企业向投资者提供的信息数量减少、质量下降。信息环境恶化、有关企业的特质信息减少都会影响主并企业对目标方的真实价值判断，使评估价值偏离企业实际。



第三，在目标方合作企业调查方面，目标地政策不确定性使企业获取的外部相关方资源支持也出现不确定性，影响评估机构对目标企业未来价值的判断。目标企业附属单位、上下游合作方、金融机构等都是尽调过程需要走访调查的对象。以金融资源为例，政策不确定性的升高使企业与企业之间、企业与金融机构之间的信息不对称程度增大。王红建等（2014）指出经济政策不确定性较高时，外部投资者、监管机构监管经营者自利行为的难度增加，企业代理成本在该时期显著上升。根据金融摩擦理论，政策不确定较高时，市场上信息环境恶化，金融机构评估和监测企业是否有足够偿付能力的困难明显增加，出于谨慎性考虑，金融机构会暂缓或减少给企业提供的贷款（谭小芬和张文婧，2017）、提高贷款利率（Ashraf and Shen，2019）。官员更替有可能使企业不再享受政府的贷款授信，因此企业享受的贷款利率也可能升高，目标企业未来面临现金流紧张、融资约束严重的可能性增加。同理，目标企业的其他合作方，例如上下游企业，也可能暂停或减少商业信用供给以应对官员更替带来的政策不确定性（D'Mello and Toscano，2020）。除金融资源以外，目标企业赖以生存的其他关键资源也可能因政策的不确定性而停止。目标企业未来现金流、正常经营存在较大不确定性，会进一步影响企业的投资和创新活动，影响企业的竞争力。

在政策不确定性时期，主并企业不仅需要付出更多时间和调研费用，还可能因无法获取充足的信息而对目标方价值进行错误估计。主并企业在目标政策不确定性较高时要承担更大的并购风险，即使通过调整价格来获取相应补偿，也仍然无法完全抵消不确定性的影响（Bhagwat et al.，2016）。为避免支付过高成本或并购后无法获得预期的协同收益，主并企业有动机削减收购规模。

（3）强势议价机制。

强势议价机制是指目标地政策不确定性提升了主并企业在跨地区并购中的相对议价能力，主并企业更有能力在谈判中压低交易价格，降低并购支付金额。



并购支付价格是并购双方反复博弈的结果。并购价格中除包含对目标资产的实际评估价格外，还包括主并企业愿意在取得控制权过程中向目标方股东让渡的利益，而让渡的利益部分与双方的议价能力显著相关，因此最后的并购定价也与并购双方的议价能力相关联。议价能力通常受到对目标方的竞争程度、主并方预期获得的收益等因素的影响。

一方面，目标地政策不确定性会减弱市场对目标资产的竞争程度，提升主并企业的谈判地位。李彬（2015）指出控制权市场竞争程度或供求关系影响控制权转移溢价。当目标资产相对稀缺、有多个买方对目标资产进行竞标、形成卖方市场时，目标企业的议价能力相对更强，会尽力提高价格，在预期的心理范围内以最高价成交。在并购时通常会有多个潜在买家对目标资产进行报价，买家之间也会相互博弈。当目标地出现官员更替时，来自区域外的买家都会面临即将到来的政策不确定性风险，实力较弱、无力承担政策风险的买家会选择退出竞价。买家的减少表明对目标资产的竞争减弱，此时目标企业可供选择的并购方案减少，议价能力下降。主并企业掌握谈判中的主动权，会选择压低交易价格，此时的交易价格与对目标资产竞争激烈时的交易价格相比明显更低。即目标地政策不确定性降低了目标企业的相对谈判地位，降低并购交易价格。

另一方面，目标地政策不确定性会降低主并企业跨地区并购的预期收益，主并企业会要求目标企业在价格上做出补偿。当目标资产预期盈利能力较差、不能与主并企业资产形成协同效应时，主并企业的议价能力相对更强，此时主并企业会尽可能压低支付价格。官员更替使企业赖以生存的外部政策环境急剧变化，新任官员可能利用资源配置权力影响企业行为，企业享受的政府补助、税收优惠、行政许可等可能因新官员的政策不同而发生改变，由此影响企业财务状况以及后续的发展潜力。从企业受到的政府干预角度，政府对于企业存在“支持之手”和“掠夺之手”（潘红波和余明桂，2011），新任官员基于政绩诉求可能会更多干预区域内企业承担更多社会政策目标，例如解决就业、提供部分公共服务、维持物品和劳务的低价格等（Boubakri et al.，2008），发挥“掠夺之手”的作用。目标企业承担社会政策目标就一定程度上会占用企业在研发、创新等方面的精力和资源，降低企业资源配置效率。陈德球和陈运森（2018）发现企业会利用向下的盈余管理来避免政府各种隐性或显性的“政治摊派”，完成政治目标可能会产生譬如公关费用等政策性成本。此外，目标企业可能在政府干预下进行更多低效投资以尽快帮助官员做出成绩，陈艳艳和罗党论（2012）研究发现企业为了配合官员的政绩诉求会短期内扩大投资，但过度投资的后果就是投资效率显著下降。目标地政策不确定性使目标企业未来收益难以预期，主并企业基于收购后的风险会要求目标方在并购价格上做出补偿（Lee，2018）。



综上所述，本研究认为目标方所在地的政策不确定性主要在并购交易阶段，通过竞争保护机制、低效评估机制和强势议价机制降低跨地区并购的审批难度、评估准确性以及预期收益，主并企业倾向于在目标地官员更替时期缩减并购规模以减弱不确定性风险。据此，提出假设1：

H1：目标地政策不确定性会降低主并企业的跨地区并购规模。

### 4.1.2　政策不确定性强度的影响

地区政策不确定性可因官员更替的数量不同出现强度上的差异。省级地区主政官员一般是指省委书记或省长。官员更替通常存在三种情况：省委书记更替、省长更替、省委书记和省长同时更替。省长和省委书记都更替对地区产生的政策不确定性强度显然大于省长或省委书记单独更替的影响。王贤彬等（2009）指出省长和省委书记同时更替产生的共振增强了政策的不连续性概率和程度，对地区经济的影响更大。省委书记和省长都更替对党务系统和政务系统都有显著影响，各官员的执政风格以及政策偏好都存在差异，官员之间需要时间进行磨合，由此导致不同部门的工作效率降低、工作重点发生改变，政策层面的不确定性传导到地区和企业，对企业行为产生重大影响。多位官员更替导致地区政策不确定性显著增强，由于两位主政官员都更替，原本的地区政企关系网络经历大范围断裂和重建，企业通过政企关系获取政策信息的渠道受阻，无法准确预测未来政策走向，未来经营出现不确定性。在地区政策不确定性明显增大的情况下，外来企业收购本地企业的风险增强，收购意愿明显降低。

综上所述，目标地更替官员的数量会影响政策不确定强度，政策不确定性强度越大，跨地区并购受到的阻力越大、并购风险越高，主并企业并购意愿越弱，越倾向于降低并购规模。据此，提出假设2：



H2：目标地官员更替数量越多，主并企业跨地区并购规模越小。

地方官员是否正常换届也会对政策不确定性强度产生影响。数据统计显示，我国省级地方官员平均任期在3～4年，地方官员普遍遵循在任至少3年的一般规律。如果官员是正常换届，则企业可以根据当前官员任期合理推测官员更替时间，对其可能产生的后续影响进行预判，做好充足准备以应对政策变化。如果政府官员是突然任命或因突发事件更换的，例如腐败落马，突然的官员更替，企业可能因与旧任官员的联系断裂而面临资源支持断供，也可能因不了解新任官员的执政风格和未来政策走向而无法及时作出有效应对。徐业坤等（2013）指出官员是否正常变更决定企业能否及时作出反应，进而调整投资支出水平。本研究认为非正常的官员更替对地方的政策不确定性影响更大，对主并企业跨地区并购规模的抑制作用更明显。据此，提出假设3：

H3：目标地官员非正常换届对主并企业跨地区并购规模的抑制作用较大。

## 4.2　政策不确定性、产权性质与跨地区并购决策

我国企业因终极控制人的差异可分为中央企业、地方国有企业和民营企业。不同类型企业受地方政府的干预以及支持程度不同，由此导致企业应对政策不确定性风险的能力存在差异，在并购中也就表现出不同的并购意愿和水平。

从主并企业受目标地政府干预的角度，在政府竞争的利益驱使下，地方政府通常会利用财政、税收、土地审批等手段支持本地企业发展，也会迫使本地企业承担更多的政策性任务，因此地方政府鼓励地区内部企业之间通过并购做大做强。异地企业来此并购会导致税源外流、本地企业控制权转移，不仅较难分担本地政府的政策性任务，还可能导致本地资源流失、就业减少等，因此通常会受到地方政府的阻挠（方军雄，2009）。由于中央企业的控制权在中央政府，其并购行为更多是为了实现国家战略规划，受地方政府的干预较小，跨地区并购容易突破地方政府的限制，所以从受到并购目标地政府干预的角度，在目标地官员更替期，中央企业跨地区并购不易受到审批限制，而地方国有企业和民营企业受到干预的可能性较高。

从主并企业受政府支持的角度，国有企业承担着实现国家战略目标、保障就业等政策性任务的重任，享受多重政府补贴和特殊待遇，在企业投资过程中通常受到政府支持。有中央政府的隐性背书，中央企业相对于其他竞争者承受政策风险的能力更强，在并购中更容易掌握谈判中的主动权，有能力要求更低的并购溢价，压低交易价格。地方国有企业议价能力相对中央企业较弱，但明显强于民营企业，因此当目标地政策不确定性较大时，央企、地方国企、民企抵御政策风险的能力依次减弱，相对议价能力也依次减弱。

综上所述，本研究认为目标地政策不确定性对中央企业和地方国有企业的跨地区并购规模的影响较小，对民营企业的跨地区并购决策影响较大，会显著抑制民营企业的跨地区并购规模。据此，提出假设4：

H4：相比中央企业和地方国有企业，目标地政策不确定性对民营企业跨地区并购规模的抑制作用更为明显。

## 4.3 研究设计

### 4.3.1 样本选择与数据来源

本研究选取2007~2018年我国A股和创业板上市公司的跨地区并购事件，进行以下筛选：(1)删除并购交易失败的样本；(2)为保证并购事件对上市公司有足够的影响力，剔除交易金额未披露或小于500万的样本（唐建新和陈冬，2010）；(3)剔除收购比例小于30%的样本；(4)剔除并购交易类型为非股权收购的样本；(5)剔除并购标的在中国境外以及香港、澳门、台湾的样本；(6)为最大限度保证每次并购事件并购标的所处地区的唯一性，删除同一个并购事件有多个标的的样本；(7)剔除金融类以及财务数据缺失的样本，最终保留了3203个并购样本。



本研究使用的地方官员更替数据来自人民网、新华网等，相关指标包括官员姓名、上任时间、任期、年龄、来源地等多个维度，均为手工整理；地区数据来自中经网统计数据库和《中国统计年鉴》。并购数据和企业特征数据部分来自国泰安（CSMAR）数据库和上市企业公开披露的年度财务报告及并购事件公告。为控制极端值影响，本研究对所有连续变量上下1%进行缩尾处理。

### 4.3.2 变量定义

(1) 被解释变量。

跨地区并购规模（PRICE）。本研究将主并企业和目标企业注册地不在同一省份的并购定义为跨地区并购。整个研究是在跨地区并购情境内展开，以并购规模的大小表示主并企业在交易中付出的成本，在一定程度上也能反映主并企业的并购意愿。并购规模越大，说明并购双方合作越紧密，合作意愿更强，越愿意选择该地区的企业作为并购目标（吴倩等，2020）。并购规模是指并购交易中主并企业支付给目标企业的交易对价，此处取交易对价的自然对数。

（2）解释变量。

本研究使用我国大陆地区省（自治区、直辖市）的省委书记是否发生变更作为政策不确定性的代理变量。之所以选择省委书记，是因为我国一直实行的是“党管干部”的原则，省委书记比省长对地方工作负有更大的责任，所以省委书记更替对地区政策的影响更大，产生的政策不确定性强度越大。由于省委书记并不是按照完整的公历年度换届，如果在上半年换届则对当年有较大影响，如果在下半年上任则对当年的影响较弱，所以本研究借鉴曹春方（2013）的做法，将省委书记在1~6月发生变更的记当年为变更年份，在7~12月发生变更则记下一年为变更年份。本研究设置两组变量以刻画官员更替产生的政策不确定性以及政策不确定性强度。

①政策不确定性（CHANGE）。如果目标方所在地区发生省委书记变更则赋值为1，否则为0。

②政策不确定性强度。政策不确定性强度设置两个指标，分别为官员更替数量（NUM）和官员非正常换届（ABNORMAL）。

官员更替数量（NUM）。如果目标方所在地省委书记和省长都发生更替，取值为2；若仅一人发生更替，取值为1；若无人更替，取值为0。

官员非正常换届（ABNORMAL）。使用官员的任期数据对其是否正常换届进行度量（徐业坤等，2013）。由描述性图4－2可知，2007~2018年的12年间省委书记平均更替3.35次，即任期平均为3.58年，本研究将任期3年选定为是否正常换届的标准。官员小于等于3年变更的定义为非正常换届，取值为1，而大于3年变更的定义为正常换届，取值为0。

（3）控制变量。

本研究主要从企业特征、治理特征、高管特征和地区特征四个方面选取控制变量。

主并企业特征借鉴陈艳艳和罗党论（2012）、唐建新和陈冬（2010）的研究，选择企业规模（SIZE）、杠杆率（LEV）、企业成长性（GROW）、自由现金流（FCF）、管理费用率（MFEE）、大股东占款（OCCU）、上市公司年龄（FAGE）、盈利能力（ROE）等变量。规模越大的企业越有可能过度自信而进行大规模并购（Roll，1986）。现金流越充足、大股东占款越少的企业越有能力和资金进行大规模的跨地区资源整合（唐建新和陈冬，2010）。目标企业特征选择标的总资产（TARSIZE），标的总资产越大，标的企业对当地经济的贡献越大，主并企业收购面临的难度和风险越大。

治理特征选择两职兼任（DUAL）、董事会规模（BOARD）、独董比例（INDEP）、高管薪酬（COMP），两职兼任以及薪酬水平较高的高管有权力利用大规模并购构筑“商业帝国”以提高个人收益（卢锐等，2008），独董比例越高表明独立董事对企业的监督效力越强，越有利于约束高管谨慎作出并购决策。

高管特征选择 CEO 年龄（AGE）、CEO 学历（DEGREE）、CEO 性别（GENDER）三个变量，陈传明和孙俊华（2008）指出，高管的个人特征能影响其风险偏好，进而影响企业的战略决策。卡尔松等（Carlsson et al.，1970）研究发现年龄较大的管理者更偏好风险较小的投资决策；姜付秀等（2009）也关注了管理层年龄和学历的影响，发现平均年龄较小、平均教育水平较低的管理层更容易作出过度投资的决策；金智等（2015）指出女性高管通常更为保守，决策更加谨慎。



地区特征分别从主并地区和目标地区选择 GDP 增长率（GDP）、固定资产投资（INV）、产业结构（FSGDP）、财政支出（FIS），主并地区的经济发展水平反映地区企业竞争程度，目标地区经济发展水平影响本地企业被并购的可能性以及目标的吸引力。具体变量定义如表 4－1 所示。

**表 4－1　　　　变量定义**

| 变量 | | 符号 | 定义 |
|---|---|---|---|
| 被解释变量 | 跨地区并购规模 | PRICE | 跨地区并购交易对价的自然对数 |
| 解释变量 | 政策不确定性 | CHANGE | 目标方所在地发生省委书记更替取值为 1，否则为 0 |
| | 政策不确定性强度 | NUM | 目标方所在地省委书记和省长都发生更替，取值为 2；若仅一人发生更替，取值为 1；若无人更替，取值为 0 |
| | | ABNORMAL | 官员非正常换届，目标地官员换届时任期小于 3 年取值为 1，否则为 0 |

续表

| 变量 | | 符号 | 定义 |
|---|---|---|---|
| 控制变量 | 企业规模 | SIZE | 总资产的自然对数 |
| | 杠杆率 | LEV | 资产负债率 |
| | 企业成长性 | GROW | 营业收入增长率 |
| | 自由现金流 | FCF | 经营活动产生的净现金流量与总资产之比 |
| | 盈利能力 | ROA | 总资产收益率 |
| | 标的总资产 | TARSIZE | 标的企业总资产 |
| | 两职兼任 | DUAL | 总经理和董事长兼任取1，否则为2 |
| | 董事会规模 | BOARD | 董事会人数 |
| | 独董比例 | INDEP | 独立董事比例 |
| | 高管薪酬 | COMP | 高管前三位薪酬总额的对数值 |
| | CEO 年龄 | AGE | CEO 的年龄 |
| | CEO 学历 | DEGREE | CEO 的学历，中专以下为1，中专为2，大专为3，本科为4，硕士为5，博士为6 |
| | CEO 性别 | GENDER | CEO 为男性赋值为1，女性赋值为0 |
| | 目标地区固定资产投资 | TINV | 目标企业所在地地区固定资产投资与 GDP 之比 |
| | 目标地区产业结构 | TFSGDP | 目标企业所在地第一、第二产业生产总值与 GDP 之比 |
| | 目标地区财政支出 | TFIS | 目标企业所在地财政支出与 GDP 之比 |
| | 主并地区固定资产投资 | AINV | 主并企业所在地地区固定资产投资与 GDP 之比 |
| | 主并地区产业结构 | AFSGDP | 主并企业所在地第一、第二产业生产总值与 GDP 之比 |
| | 主并地区财政支出 | AFIS | 主并企业所在地财政支出与 GDP 之比 |

### 4.3.3　模型设计

本研究采用 OLS 回归模型检验政策不确定性对跨地区并购规模的影响。具体模型设计如式（4－1）所示。

$$PRICE_{i,t} = \alpha_0 + \alpha_1 CHANGE_{i,t} + \beta X_{i,t-1} + \varepsilon_{i,t} \quad (4-1)$$

其中，PRICE 为跨地区并购规模，CHANGE 表示政策不确定性，X 表示控制变量，具体变量定义见表 4－1。考虑到不同因素间的影响存在时滞以及克服内生性的影响，企业层面、治理层面和地区层面控制变量取滞后一期数据，其余变量取当期数据。此外，本研究还对所有回归模型采用行业和年度的双重聚类调整，以降低行业和年度层面异方差的影响。

## 4.4 实证结果与分析

### 4.4.1 描述性统计



图 4－2 为 2007～2018 年大陆地区省级主政官员更替频率。由图 4－2 可知，12 年间我国大陆地区 31 个省、自治区、直辖市的省委书记最高更替 5 次，出现在河北省；最低更替 2 次，出现在北京市和新疆维吾尔自治区；平均更替 3.35 次。省长最高更替 6 次，出现在吉林省；最低更替 2 次，出现在广东省、广西壮族自治区、内蒙古自治区、新疆维吾尔自治区；平均更替 3.48 次。省委书记和省长更替频率较高。这 12 年间，大部分省份都出现过省长和省委书记同时更替的情况，贵州省和吉林省同时更替频率最高，为 4 次，有 19 个省份都出现过至少 2 次的省长和省委书记同时更替，同时更替均值为 1.77 次。更替频率数据表明我国各省份主政官员约 3 年更替一次，且省长和省委书记同时更替的情况也较为常见，官员更替使地区政策出现波动和不确定性，影响地区企业投资和经济发展。

表 4－2 为描述性统计结果。跨地区并购规模取对数后的均值为 19.08，表明上市公司跨地区并购对价平均为 9.6 亿元，并购规模较高。官员更替的均值为 0.270，表明在跨地区并购样本中，发生官员更替的样本占全部样本的比例为 27%，官员更替是一种常态。杠杆率的均值为 0.440，表明样本中主并企业资产负债率平均为 44%，举债经营是目前大规模企业经营的常态，两职兼任的均值为 1.720，表明样本中董事

长和总经理兼任的情况较为普遍，两职兼任在一定程度上反映了管理者权力的大小，管理者权力越大说明高管越有能力利用并购牟取私利。

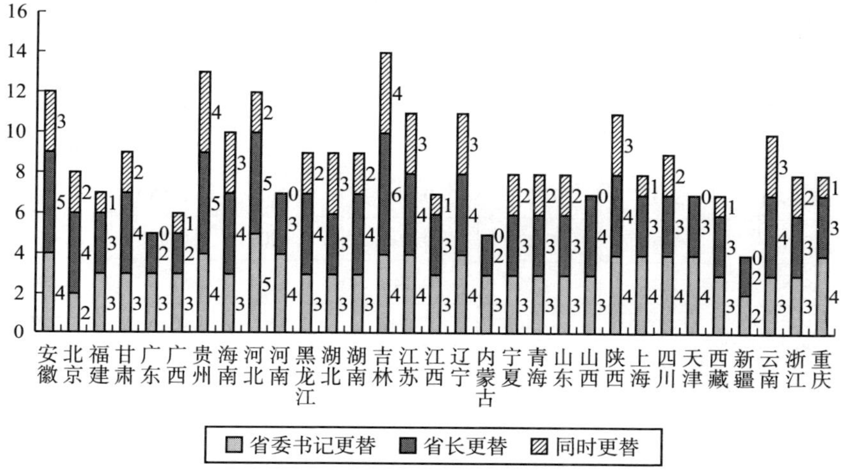

**图4-2　2007~2018年大陆地区省级主政官员更替频率**



**表4-2　描述性统计**

| 变量 | 样本量 | 均值 | 最小值 | 中位数 | 最大值 | 标准差 |
|---|---|---|---|---|---|---|
| PRICE | 3203 | 19.08 | 15.57 | 19.09 | 23.98 | 1.740 |
| CHANGE | 3203 | 0.270 | 0 | 0 | 1 | 0.440 |
| NUM | 3203 | 0.600 | 0 | 0 | 2 | 0.760 |
| ABNORMAL | 3203 | 0.260 | 0 | 0 | 1 | 0.440 |
| SIZE | 3203 | 22.05 | 19.11 | 21.83 | 26.16 | 1.370 |
| LEV | 3203 | 0.440 | 0.050 | 0.440 | 1.040 | 0.210 |
| GROW | 3203 | 0.250 | -0.730 | 0.160 | 1.620 | 0.430 |
| FCF | 3203 | 0.040 | -0.210 | 0.040 | 0.240 | 0.070 |
| ROA | 3203 | 0.050 | -0.160 | 0.040 | 0.220 | 0.050 |
| TARSIZE | 3203 | 4.020 | 0.060 | 0.610 | 25.88 | 7.650 |
| DUAL | 3203 | 1.720 | 1 | 2 | 2 | 0.450 |
| BOARD | 3203 | 8.650 | 4 | 9 | 17 | 1.770 |
| INDEP | 3203 | 0.370 | 0.170 | 0.330 | 0.710 | 0.050 |

续表

| 变量 | 样本量 | 均值 | 最小值 | 中位数 | 最大值 | 标准差 |
| --- | --- | --- | --- | --- | --- | --- |
| COMP | 3203 | 14.17 | 12.10 | 14.18 | 16.09 | 0.740 |
| AGE | 3203 | 48.24 | 29 | 48 | 74 | 6.350 |
| DEGREE | 3203 | 3.810 | 1 | 4 | 6 | 1.540 |
| GENDER | 3203 | 0.940 | 0 | 1 | 1 | 0.240 |
| TINV | 3203 | 0.610 | 0.240 | 0.630 | 1.140 | 0.250 |
| TFSGDP | 3203 | 0.510 | 0.200 | 0.540 | 0.690 | 0.140 |
| TFIS | 3203 | 0.190 | 0.090 | 0.190 | 0.430 | 0.060 |
| AINV | 3203 | 0.600 | 0.240 | 0.610 | 1.140 | 0.240 |
| AFSGDP | 3203 | 0.500 | 0.200 | 0.540 | 0.680 | 0.130 |
| AFIS | 3203 | 0.190 | 0.100 | 0.180 | 0.410 | 0.060 |

### 4.4.2 相关性分析



表4-3为主要变量的相关性统计结果。跨地区并购规模（PRICE）与政策不确定性（CHANGE）的相关系数为-0.058，通过了1%的显著性检验，表明政策不确定性与跨地区并购规模有较强的负相关性，政策不确定性越高，跨地区并购规模越小，初步支持了假设1。跨地区并购规模（PRICE）与官员更替数量（NUM）的相关系数为-0.033，通过了10%的显著性检验，与官员非正常换届（ABNORMAL）的系数显著负相关，表明政策不确定性强度越大，跨地区并购规模越小。企业规模（SIZE）与跨地区并购规模（PRICE）的相关系数显著为正，表明并购是一项资源消耗性活动，规模越大的企业越有能力进行大规模的跨地区并购。杠杆率（LEV）与跨地区并购规模（PRICE）的相关系数显著为正，盈利能力（ROA）与跨地区并购规模（PRICE）的相关系数显著为负，并购一定程度上也是盈利较差、负债较多的企业获取新的盈利增长点、提升绩效的手段。两职兼任（DUAL）与跨地区并购规模（PRICE）的相关系数显著为正，董事长和总经理兼任一定程度上说明管理者权力较大，而权力过大的管理者容易利用大规模并购构建个人商业帝国，提升私有收益。

表4-3　　主要变量的相关性统计结果

| 变量 | PRICE | CHANGE | NUM | ABNORMAL | SIZE | LEV | ROA | DUAL |
|---|---|---|---|---|---|---|---|---|
| PRICE | 1 | | | | | | | |
| CHANGE | -0.058*** | 1 | | | | | | |
| NUM | -0.033* | 0.825*** | 1 | | | | | |
| ABNORMAL | -0.054*** | 0.985*** | 0.824*** | 1 | | | | |
| SIZE | 0.110*** | 0.033* | 0.052*** | 0.039** | 1 | | | |
| LEV | 0.084*** | 0.006 | 0.025 | 0.008 | 0.476*** | 1 | | |
| ROA | -0.127*** | 0.021 | 0.004 | 0.019 | -0.043** | -0.359*** | 1 | |
| DUAL | 0.046*** | 0.025 | 0.015 | 0.028 | 0.122*** | 0.156*** | -0.031* | 1 |

注：***，**，*分别表示1%、5%、10%显著性水平。

### 4.4.3　基准回归结果

表4-4为基准回归结果。列（1）为未添加控制变量的回归结果，政策不确定性（CHANGE）与跨地区并购规模的回归系数在5%的显著性水平上负相关，表明目标地区官员更替形成的地区政策不确定性对企业的跨地区并购决策产生负向影响。列（2）为添加控制变量后的回归结果，政策不确定性（CHANGE）的系数为-0.204，通过了1%水平的显著性检验，说明目标地政策不确定性与主并企业跨地区并购规模显著负相关，政策不确定性降低了主并企业的跨地区并购意愿，导致并购规模减小，支持了假设1。

控制变量的回归结果显示，自由现金流（FCF）的回归系数显著为正，并购是一项资源消耗性活动，企业可动用的自由现金越多，财务约束越小，在并购时越可能选择较大规模的并购标的。企业盈利能力（ROA）的回归系数显著为负，表明盈利状况较好的企业较少进行大规模的跨地区并购。标的总资产（TARSIZE）的回归系数显著为正，目标资产价值越大，收购价格越高，并购规模越大。高管薪酬（COMP）的回归系数为负，说明高管薪酬越低越会进行大规模并购，可能的原因是，薪酬较低的高管往往会形成不公平心理，会通过一系列行动来恢复公平，例如大规模并购构筑“商业帝国”。正如哈福德和李（Harford and Li，2007）、李小燕等（2011）等研究所指出的，高管会借助并购提升个人薪酬水平。目标地区产业结构（TFSGDP）的回归系数均显著为负，说明目标地第一、第二产业占 GDP 的比重越高，越不利于地区外企业来此地并购，可能的原因有两方面，一是当地区产业增加值占比较高时，区域外企业来此并购会分走一部分税收，不利于地区财税目标的实现，容易受到本地区政府的阻挠，二是地区企业发展水平较高不容易成为并购目标。主并地区固定资产投资（AINV）的回归系数显著为正，说明主并企业本地竞争较为激烈，企业有动机去区域外市场寻求投资机会。



表 4-4　　基准回归结果

| | (1)<br>全样本<br>PRICE | (2)<br>全样本<br>PRICE |
|---|---|---|
| CHANGE | -0.227**<br>(-2.296) | -0.204***<br>(-2.985) |
| SIZE | | 0.066<br>(0.992) |
| LEV | | 0.167<br>(0.666) |
| GROW | | -0.027<br>(-0.397) |
| FCF | | 1.678***<br>(3.505) |
| ROA | | -3.640***<br>(-4.064) |
| TARSIZE | | 0.005***<br>(6.924) |
| DUAL | | 0.102<br>(1.268) |
| BOARD | | 0.000<br>(-0.012) |

续表

| | (1)<br>全样本<br>PRICE | (2)<br>全样本<br>PRICE |
|---|---|---|
| INDEP | | 0. 573<br>(1. 095) |
| COMP | | −0. 036<br>( −0. 641) |
| AGE | | 0. 007<br>(1. 261) |
| DEGREE | | −0. 047 **<br>( −2. 224) |
| GENDER | | −0. 082<br>( −0. 808) |
| TINV | | 0. 236<br>(1. 087) |
| TFSGDP | | −2. 160 ***<br>( −7. 397) |
| TFIS | | −1. 242 *<br>( −1. 860) |
| AINV | | 0. 793 ***<br>(2. 846) |
| AFSGDP | | −1. 710 ***<br>( −3. 299) |
| AFIS | | −0. 088<br>( −0. 114) |
| CONSTANT | 19. 142 ***<br>(175. 439) | 19. 255 ***<br>(10. 061) |
| N | 3203 | 3203 |
| $Adj\_R^2$ | 0. 003 | 0. 129 |
| F | 9. 664 | 16. 80 |

注：***，**，*分别表示 1%、5%、10%显著性水平。

### 4.4.4 政策不确定性强度影响的回归结果

表4－5为政策不确定性强度影响的回归结果。列（1）至列（3）为考虑官员更替数量影响的回归结果。官员更替数量与政策不确定性强度密切相关。本研究使用两种方法检验官员更替数量的影响，官员更替数量（NUM）的回归系数为－0.096，通过了5%的显著性检验，表明当目标地官员更替数量较多时，即省委书记和省长都更替时，地区政策不确定性强度更大，对跨地区并购规模的抑制作用更强。为进一步验证官员更替数量的影响，本研究以地区省长是否更替为标准将样本划分为两组分别回归检验，发现在省长更替组，省委书记更替对跨地区并购规模的抑制作用显著高于省长未更替组，且两组系数具有明显差异，通过了F检验，即当省长和省委书记同时更替时，地区政策不确定性更大，对跨地区并购规模的抑制作用更强，支持了假设2。

列（4）为考虑政府非正常换届（ABNORMAL）影响的回归结果。政府非正常换届（ABNORMAL）的回归系数为－0.207，通过了1%的显著性检验，说明目标地区政府官员非正常换届会显著降低企业跨地区并购规模。目标地省委书记非正常更替时，地区政策不确定性强度明显升高，企业跨地区并购风险增大，倾向于缩减规模以降低风险，结果支持了假设3。



表4－5　　政策不确定性强度影响的回归结果

| | (1)<br>全样本<br>PRICE | (2)<br>省长更替<br>PRICE | (3)<br>省长未更替<br>PRICE | (4)<br>全样本<br>PRICE |
|---|---|---|---|---|
| CHANGE | | −0.257**<br>(−2.470) | −0.193*<br>(−1.928) | |
| NUM | −0.096**<br>(−2.507) | | | |
| ABNORMAL | | | | −0.207***<br>(−3.060) |

续表

| | (1)<br>全样本<br>PRICE | (2)<br>省长更替<br>PRICE | (3)<br>省长未更替<br>PRICE | (4)<br>全样本<br>PRICE |
|---|---|---|---|---|
| SIZE | 0.066**<br>(2.004) | 0.167***<br>(2.856) | 0.025<br>(0.615) | 0.066<br>(1.002) |
| LEV | 0.173<br>(0.925) | −0.189<br>(−0.585) | 0.304<br>(1.306) | 0.167<br>(0.665) |
| GROW | −0.019<br>(−0.266) | 0.030<br>(0.250) | −0.030<br>(−0.346) | −0.027<br>(−0.397) |
| FCF | 1.688***<br>(3.717) | 2.368***<br>(2.857) | 1.413***<br>(2.592) | 1.685***<br>(3.502) |
| ROA | −3.662***<br>(−5.490) | −2.236**<br>(−1.987) | −4.170***<br>(−5.066) | −3.645***<br>(−4.066) |
| TARSIZE | 0.005***<br>(11.143) | 0.006***<br>(5.348) | 0.005***<br>(10.143) | 0.005***<br>(6.927) |
| DUAL | 0.099<br>(1.562) | 0.016<br>(0.147) | 0.143*<br>(1.810) | 0.102<br>(1.273) |
| BOARD | −0.001<br>(−0.039) | 0.070**<br>(2.025) | −0.033<br>(−1.357) | 0.000<br>(−0.009) |
| INDEP | 0.558<br>(0.868) | 0.761<br>(0.679) | 0.292<br>(0.376) | 0.572<br>(1.091) |
| COMP | −0.037<br>(−0.741) | −0.045<br>(−0.544) | −0.030<br>(−0.476) | −0.037<br>(−0.642) |
| AGE | 0.007<br>(1.596) | 0.009<br>(1.125) | 0.007<br>(1.249) | 0.007<br>(1.263) |
| DEGREE | −0.046**<br>(−2.391) | −0.066*<br>(−1.942) | −0.043*<br>(−1.819) | −0.047**<br>(−2.224) |
| GENDER | −0.083<br>(−0.665) | −0.185<br>(−0.963) | −0.029<br>(−0.183) | −0.083<br>(−0.823) |
| TINV | 0.214<br>(1.098) | 0.0540<br>(0.162) | 0.361<br>(1.471) | 0.233<br>(1.077) |

续表

| | (1)<br>全样本<br>PRICE | (2)<br>省长更替<br>PRICE | (3)<br>省长未更替<br>PRICE | (4)<br>全样本<br>PRICE |
|---|---|---|---|---|
| TFSGDP | -2.179 ***<br>(-6.010) | -2.082 ***<br>(-3.234) | -2.298 ***<br>(-5.172) | -2.165 ***<br>(-7.485) |
| TFIS | -1.177 **<br>(-2.053) | -1.119<br>(-1.146) | -1.232 *<br>(-1.708) | -1.233 *<br>(-1.851) |
| AINV | 0.808 ***<br>(4.047) | -0.106<br>(-0.333) | 1.287 ***<br>(5.047) | 0.794 ***<br>(2.855) |
| AFSGDP | -1.730 ***<br>(-4.894) | -0.020<br>(-0.032) | -2.538 ***<br>(-5.908) | -1.710 ***<br>(-3.316) |
| AFIS | -0.103<br>(-0.179) | 1.724 *<br>(1.822) | -1.040<br>(-1.445) | -0.087<br>(-0.113) |
| CONSTANT | 19.278 ***<br>(23.630) | 16.194 ***<br>(11.568) | 20.595 ***<br>(20.549) | 19.249 ***<br>(10.102) |
| Chow Test | | F = 26.87 (P = 0.000) | | |
| N | 3203 | 1063 | 2140 | 3203 |
| Adj_$R^2$ | 0.128 | 0.130 | 0.136 | 0.129 |
| F | 18.94 | 6.734 | 14.80 | 16.75 |

注：***，**，* 分别表示1%、5%、10%显著性水平。



### 4.4.5 产权性质影响的回归结果

本章依据主并企业的产权性质将样本分为中央企业、地方国有企业和民营企业三组，分别对模型（4-1）进行回归，结果如表4-6所示。政策不确定性（CHANGE）与跨地区并购规模（PRICE）的回归系数在民营企业组显著为负，在中央企业组和地方国有企业组不显著，表明主并企业的国有身份可以帮助主并企业缓解目标地政策不确定性对并购交易的影响，提升企业跨地区并购规模，而民营企业在跨地区并购中难以获得政府支持，跨地区并购规模受到抑制。

表 4－6　　　　主并地政策不确定性和产权性质的影响

| | (1)<br>中央企业<br>PRICE | (2)<br>地方国有企业<br>PRICE | (3)<br>民营企业<br>PRICE |
|---|---|---|---|
| CHANGE | 0.024<br>(0.164) | -0.057<br>(-0.671) | -0.255***<br>(-2.885) |
| SIZE | 0.124<br>(0.900) | 0.195<br>(1.416) | -0.012<br>(-0.159) |
| LEV | -0.199<br>(-0.262) | 0.745<br>(1.166) | 0.198<br>(0.685) |
| GROW | 0.216<br>(0.977) | -0.046<br>(-0.272) | -0.071<br>(-0.670) |
| FCF | 0.289<br>(0.242) | -0.396<br>(-0.284) | 2.027***<br>(3.892) |
| ROA | -5.413*<br>(-1.699) | 1.957<br>(1.488) | -4.400***<br>(-4.079) |
| TARSIZE | 0.004***<br>(5.222) | 0.005***<br>(2.807) | 0.006***<br>(5.426) |
| DUAL | 0.393<br>(0.858) | 0.112<br>(0.418) | 0.060<br>(0.752) |
| BOARD | 0.098<br>(1.521) | -0.012<br>(-0.225) | -0.025<br>(-0.752) |
| INDEP | 0.386<br>(-0.000) | 3.464<br>(1.358) | 0.171<br>(0.170) |
| COMP | -0.065<br>(-0.351) | -0.188<br>(-1.343) | 0.035<br>(0.469) |
| AGE | 0.026<br>(1.337) | -0.017<br>(-0.959) | 0.008<br>(1.264) |
| DEGREE | -0.034<br>(-0.591) | -0.073<br>(-0.975) | -0.046<br>(-1.558) |

续表

| | (1)<br>中央企业<br>PRICE | (2)<br>地方国有企业<br>PRICE | (3)<br>民营企业<br>PRICE |
|---|---|---|---|
| GENDER | -0.560<br>(-0.567) | 0.006<br>(0.014) | -0.074<br>(-0.410) |
| TINV | 0.623<br>(0.923) | -0.019<br>(-0.035) | 0.271<br>(1.303) |
| TFSGDP | -1.813<br>(-1.639) | -1.096<br>(-1.568) | -2.464***<br>(-10.495) |
| TFIS | -0.729<br>(-0.471) | 1.792<br>(1.308) | -1.981***<br>(-3.818) |
| AINV | -0.298<br>(-0.340) | -0.392<br>(-0.612) | 1.240***<br>(3.719) |
| AFSGDP | -1.140<br>(-0.878) | -0.015<br>(-0.014) | -1.956***<br>(-3.246) |
| AFIS | -2.091<br>(-0.874) | 2.623*<br>(1.866) | -0.254<br>(-0.439) |
| CONSTANT | 16.948***<br>(7.501) | 16.365***<br>(8.441) | 20.514***<br>(8.622) |
| N | 483 | 405 | 2315 |
| $Adj\_R^2$ | 0.235 | 0.134 | 0.116 |
| F | 5.252 | 2.685 | 11.11 |

注：***，*分别表示1%、10%显著性水平。

### 4.4.6 政策工具检验

前文分析表明，地方官员通过多种政策工具影响企业投融资行为。目标地官员更替导致地区财政、税收、行政监管等政策出现方向、执行的不确定性，辖区内的企业无法准确预期政策变化带来的影响，从而相应降低投资规模。即目标地官员更替并不是直接对跨地区并购规模产生影响，而是通过引发财政、税收、行政监管等政策的波动对企业跨地区并购规模产生影响。本研究认为官员更替通过引发财政、税收、行政监管三种政策不确定性对并购规模产生影响。为了验证这三种政策工具，本研究首先计算财政、税收、行政监管政策的波动性，再使用温忠麟等（2004）的中介效应检验程序进行回归分析。财政政策（TAX）使用地区财政一般预算收入指标表示，税收政策（INCOME）使用地区企业所得税收入指标表示，行政监管政策（ADMIN）使用地区行政事业费收入指标表示；政策波动性以政策在一定期间内的标准差计算得来；波动区间为官员更替年（t 期）以及前后三年（t-3，t-2，t-1，t+1，t+2，t+3），共7年，之所以选定前后3年，是因为官员平均任期为3年，以两个连续任期内的指标数据变化表示官员在任期内对政策的影响。为避免共线性，原模型（4-1）中与目标地有关的变量不再控制，W 表示其余控制变量，具体变量定义见表4-1，POLICY 表示三个政策变量。

中介效应检验模型如模型（4-2）、模型（4-3）、模型（4-4）所示，在模型（4-2）CHANGE 系数 $\alpha_1$ 显著的情况下，如果 $\lambda_1$ 和 $\theta_2$ 都显著，则证明中介效应存在；如果 $\theta_2$ 显著而 $\theta_1$ 不显著则说明是完全中介效应，否则是部分中介效应；如果 $\lambda_1$ 和 $\theta_2$ 至少一个不显著，则进一步使用 Sobel 检验，如果 Sobel 检验显著，则仍可以说明中介效应存在。

$$PRICE_{i,t} = \alpha_0 + \alpha_1 CHANGE_{i,t} + \beta W_{i,t-1} + \varepsilon_{i,t} \quad (4-2)$$

$$POLICY_{i,t} = \lambda_0 + \lambda_1 CHANGE_{i,t} + \beta W_{i,t-1} + \varepsilon_{i,t} \quad (4-3)$$

$$PRICE_{i,t} = \theta_0 + \theta_1 CHANGE_{i,t} + \theta_2 POLICY_{i,t} + \beta W_{i,t-1} + \varepsilon_{i,t} \quad (4-4)$$

表4-7列（1）为模型（4-2）的检验结果，官员更替与并购规模的回归系数显著。列（2）、列（3）为财政政策工具的检验结果，列（2）官员更替与财政一般预算收入的回归系数不显著，列（3）财政政策工具的系数显著为负，Sobel 检验结果 z 值为 -1.267，小于临界值 -0.97，表明财政政策工具的中介效应成立。列（4）、列（5）为税收政策工具的检验结果，列（4）官员更替与地区企业所得税收入的系数显著，列（5）税收政策工具的系数显著为负，Sobel 检验结果 z 值为 -2.881，小于临界值 -0.97，表明税收政策工具的中介效应成立。列（6）、列（7）为行政监管政策工具的检验结果，列（6）官员更替与地区行政事业费收入的系数不显著，列（7）行政监管政策工具的系数不

显著，Sobel 检验结果 z 值为 -0.304，大于临界值 -0.97，表明行政监管政策工具的中介效应不成立。

综上所述，官员更替主要通过增加财政和税收政策的波动影响企业并购规模。官员更替对地区行政监管政策波动影响不明显。

表 4-7　　政策工具检验结果

| | (1)<br>PRICE | (2)<br>INCOME | (3)<br>PRICE | (4)<br>TAX | (5)<br>PRICE | (6)<br>ADMIN | (7)<br>PRICE |
|---|---|---|---|---|---|---|---|
| CHANGE | -0.222***<br>(-3.387) | 0.002<br>(1.293) | -0.216***<br>(-3.299) | 0.011***<br>(3.182) | -0.201***<br>(-3.067) | 0.001<br>(0.385) | -0.222***<br>(-3.382) |
| INCOME | | | -3.137***<br>(-4.067) | | | | |
| TAX | | | | | -1.877***<br>(-4.856) | | |
| ADMIN | | | | | | | -0.200<br>(-0.445) |
| SIZE | 0.055*<br>(1.635) | 0.001<br>(1.333) | 0.058*<br>(1.764) | 0.005***<br>(3.130) | 0.064*<br>(1.943) | 0.000<br>(0.063) | 0.056*<br>(1.685) |
| LEV | 0.093<br>(0.492) | 0.006<br>(1.635) | 0.112<br>(0.595) | 0.034***<br>(3.744) | 0.157<br>(0.835) | 0.017**<br>(2.326) | 0.096<br>(0.510) |
| GROW | -0.010<br>(-0.139) | -0.003**<br>(-2.205) | -0.020<br>(-0.286) | -0.006**<br>(-2.169) | -0.022<br>(-0.310) | -0.002<br>(-0.633) | -0.010<br>(-0.144) |
| FCF | 1.744***<br>(3.771) | -0.015<br>(-1.587) | 1.696***<br>(3.675) | 0.045**<br>(2.360) | 1.828***<br>(3.976) | -0.012<br>(-0.628) | 1.741***<br>(3.766) |
| ROA | -4.011***<br>(-5.957) | 0.045***<br>(3.452) | -3.869***<br>(-5.757) | 0.121***<br>(4.867) | -3.784***<br>(-5.641) | 0.073***<br>(3.045) | -3.996***<br>(-5.927) |
| TARSIZE | 0.005***<br>(11.250) | 0.000**<br>(2.147) | 0.005***<br>(11.435) | 0.000**<br>(2.565) | 0.005***<br>(11.379) | 0.000**<br>(1.995) | 0.005***<br>(11.274) |
| DUAL | 0.066<br>(1.020) | 0.002<br>(1.503) | 0.073<br>(1.132) | 0.010***<br>(3.156) | 0.084<br>(1.302) | 0.004<br>(1.503) | 0.066<br>(1.030) |
| BOARD | -0.014<br>(-0.691) | 0.003***<br>(5.505) | -0.004<br>(-0.222) | 0.004***<br>(2.960) | -0.006<br>(-0.323) | 0.003***<br>(3.830) | -0.013<br>(-0.655) |

续表

| | (1) PRICE | (2) INCOME | (3) PRICE | (4) TAX | (5) PRICE | (6) ADMIN | (7) PRICE |
|---|---|---|---|---|---|---|---|
| INDEP | 0. 659<br>(1. 035) | 0. 024 *<br>(1. 653) | 0. 734<br>(1. 153) | -0. 0400<br>(-1. 319) | 0. 583<br>(0. 918) | 0. 042<br>(1. 597) | 0. 667<br>(1. 048) |
| COMP | 0. 011<br>(0. 228) | -0. 004 ***<br>(-3. 011) | 0. 000<br>(0. 009) | -0. 016 ***<br>(-5. 307) | -0. 018<br>(-0. 364) | -0. 008 ***<br>(-4. 042) | 0. 010<br>(0. 195) |
| AGE | 0. 007<br>(1. 424) | -0. 000<br>(-0. 114) | 0. 007<br>(1. 421) | 0. 000<br>(0. 534) | 0. 007<br>(1. 480) | -0. 000 **<br>(-2. 035) | 0. 007<br>(1. 407) |
| DEGREE | -0. 053 ***<br>(-2. 715) | 0. 000<br>(0. 417) | -0. 052 ***<br>(-2. 691) | -0. 000<br>(-0. 428) | -0. 054 ***<br>(-2. 776) | -0. 000<br>(-0. 271) | -0. 053 ***<br>(-2. 716) |
| GENDER | -0. 058<br>(-0. 463) | -0. 003<br>(-0. 881) | -0. 068<br>(-0. 541) | 0. 000<br>(0. 069) | -0. 058<br>(-0. 464) | -0. 008<br>(-1. 407) | -0. 060<br>(-0. 475) |
| AINV | 1. 010 ***<br>(5. 149) | -0. 040 ***<br>(-9. 944) | 0. 886 ***<br>(4. 453) | -0. 084 ***<br>(-7. 085) | 0. 853 ***<br>(4. 302) | -0. 044 ***<br>(-5. 518) | 1. 002 ***<br>(5. 071) |
| AFSGDP | -1. 946 ***<br>(-5. 542) | 0. 071 ***<br>(8. 232) | -1. 724 ***<br>(-4. 852) | 0. 135 ***<br>(6. 936) | -1. 693 ***<br>(-4. 770) | 0. 070 ***<br>(4. 262) | -1. 932 ***<br>(-5. 490) |
| AFIS | -0. 496<br>(-0. 874) | 0. 071 ***<br>(5. 856) | -0. 272<br>(-0. 479) | 0. 110 ***<br>(4. 173) | -0. 289<br>(-0. 508) | 0. 0390<br>(1. 637) | -0. 488<br>(-0. 860) |
| CONSTANT | 17. 909 ***<br>(22. 651) | 0. 030<br>(1. 547) | 18. 002 ***<br>(22. 714) | 0. 127 ***<br>(3. 322) | 18. 147 ***<br>(23. 029) | 0. 234 ***<br>(7. 035) | 17. 956 ***<br>(22. 410) |
| N | 3203 | 3203 | 3203 | 3203 | 3203 | 3203 | 3203 |
| Adj_$R^2$ | 0. 111 | 0. 061 | 0. 115 | 0. 080 | 0. 118 | 0. 0320 | 0. 111 |
| F | 19. 04 | 14. 11 | 19. 44 | 30. 92 | 19. 33 | 6. 371 | 18. 07 |
| Sobel Test | | -1. 267 | | -2. 881 | | -0. 304 | |

注：***，**，*分别表示1%、5%、10%显著性水平。

### 4. 4. 7 影响机制检验

前文指出，目标方所在地的政策不确定性影响主并企业跨地区并购规模决策，主要是影响并购审批、评估、谈判等交易过程，其影响机制可总结为竞争保护机制、低效评估机制和强势议价机制，本研究将进一步对这三个机制进行验证。

（1）竞争保护机制检验。

竞争保护机制是指新任官员出于政治晋升动机积极干预辖区内企业的并购活动，降低目标公司并购交易的审批通过率、增加交易时间，从而降低区域外企业大规模并购本地目标的可能性。竞争保护机制的核心是新任官员出于对本地目标企业对本地贡献减少的担忧而干预外来企业的收购活动。当目标企业被收购后，收购比例越大，目标企业的决策越需要服从主并企业的意志，为主并企业利益服务。主并企业基于整体发展需要，可能做出转移资产、削减人员等不利于目标地区发展的决策，损害目标地区新任官员的政治业绩。新任官员基于预防性动机会干预此类收购比例较大的并购交易，增加企业并购的困难。由此推测，如果竞争保护机制确实发挥作用，则目标地官员更替会对跨地区收购比例产生负向影响。



因此，为了验证该机制，本研究使用收购比例作为被解释变量，政策不确定性作为解释变量进行回归分析，结果如表4－8列（1）所示。政策不确定性（CHANGE）与收购比例（RATIO）的回归系数为负，表明目标地不确定性越高，跨地区收购比例越小。主并企业的收购活动对目标企业原有的经营和决策影响越小，受到更替后官员干预的可能性就越低，并购交易就更容易达成，侧面印证了目标地政策不确定性通过竞争保护机制发挥对跨地区并购规模的抑制作用。

（2）低效评估机制检验。

低效评估机制是指目标地政策不确定性导致用来评价目标企业未来盈利能力以及并购协同收益的内外部信息环境恶化，主并企业难以准确评估目标企业的实际价值，致使并购意愿下降，进而降低并购规模。低效评估机制的核心在于目标地政策不确定性增大了主并企业与目标企业之间的信息不对称。主并企业获取的有关目标的有效信息减少，不能准确地对目标公司估值，容易多付成本。因此，信息获取是减少政策不确定对并购交易影响的关键。

李善民等（2004）指出相关行业并购中，主并企业更加熟悉目标行业的市场、技术和管理技能，有助于降低失败风险。波什等（Boschma et al.，2015）研究发现工业相关性可以显著提升两家公司间并购交易的可能性。可见，行业相关性应该是影响并购双方信息不对称程度的重要因素。同行业间商业模式、技术标准、产品类别、业务流程较为相似，企业对目标企业存在认知上的邻近性，当目标地存在官员更替时，政策环境可能出现波动，管理者凭借对相关行业的经营管理经验可以更准确地判断目标企业的真实情况，从而可以准确评估目标企业的价值。此外，国家的产业政策是由中央统一制定并在全国范围内统一实施的，新任官员上任后对行业性的政策调整较少，所以行业层面的政策波动较小。同行业间关于行业政策以及发展趋势的信息较为对称，可以排除政策不确定性的干扰，对目标企业的未来发展进行准确评估，有效减弱官员更替导致的政策不确定性对企业交易的影响。由以上分析可知，同行业并购会减弱并购双方在政策不确定时期的信息不对称程度。本研究推测，如果低效评估机制发挥作用，那么目标地政策不确定性对跨地区并购规模的影响在跨行业并购中更为明显。

为了验证该机制，本研究依据主并企业和目标企业所属行业将样本分为两组，分别对模型（4－1）进行检验。表4－8列（2）、列（3）显示，政策不确定性（CHANGE）与并购规模（PRICE）的系数在跨行业组更大，两组系数差异通过了Chow检验，表明在跨行业并购中，目标地政策不确定性对并购规模的抑制作用被放大，信息不对称程度是政策不确定性时期影响并购交易的关键因素，侧面印证了低效评估机制。

（3）强势议价机制检验。

强势议价机制是指目标地政策不确定性提升了主并企业在跨地区并购中的相对谈判地位，主并企业更有能力在谈判中压低交易价格，降低并购支付金额，即降低并购规模。李（Lee，2018）指出较低的并购溢价通常被认为是目标方议价能力低的一种表现。并购溢价是并购交易的核心问题，预期并购交易可带来价值增值是产生并购溢价的前提条件，当主并企业认为并购不能带来足够的预期收益时就会努力压低价格。此外，当目标资产的竞争者较少，目标企业的议价能力较低也会影响交易价格。当目标地出现政策不确定性时，目标企业未来的盈利能力存在不确定性，主并企业会要求目标方对风险进行补偿，从而降低并购支付金额。由此推测，如果强势议价机制发挥作用，那么目标地政策不确定性越高，跨地区并购交易的溢价就越低。

为了验证该机制，本研究以并购溢价为被解释变量，政策不确定性作为解释变量进行回归分析。表4－8列（4）结果显示，政策不确定性（CHANGE）与并购溢价（PREMIUM）的回归系数显著为负，表明目标地政策不确定性会提升主并企业的谈判地位，使其在谈判中压低交易价格，回归结果支持了强势议价机制。

表4－8　政策不确定性影响跨地区并购规模决策的机制检验结果

| | (1)<br>收购比例<br>RATIO | (2)<br>跨行业<br>PRICE | (3)<br>同行业<br>PRICE | (4)<br>并购溢价<br>PREMIUM |
|---|---|---|---|---|
| CHANGE | -0.029**<br>(-2.379) | -0.497**<br>(-2.547) | -0.114**<br>(-2.002) | -0.306**<br>(-2.045) |
| SIZE | -0.009<br>(-1.104) | -0.056<br>(-0.605) | 0.096<br>(1.525) | -0.142<br>(-1.244) |
| LEV | -0.009<br>(-0.218) | 0.276<br>(0.632) | 0.140<br>(0.530) | -0.215<br>(-0.858) |
| GROW | -0.006<br>(-0.500) | -0.113<br>(-1.042) | 0.005<br>(0.055) | -0.006<br>(-0.087) |
| FCF | 0.072***<br>(6.862) | 1.292<br>(0.979) | 1.786**<br>(2.375) | 0.934<br>(0.784) |
| ROA | -0.443***<br>(-3.895) | -3.361**<br>(-1.979) | -3.418***<br>(-3.113) | -2.315**<br>(-2.463) |
| TARSIZE | 0.000**<br>(2.454) | 0.006***<br>(5.037) | 0.005***<br>(7.090) | 0.017**<br>(2.125) |
| DUAL | 0.010<br>(0.698) | 0.161<br>(1.171) | 0.102<br>(1.064) | -0.030<br>(-0.213) |
| BOARD | 0.003<br>(0.808) | -0.070<br>(-1.299) | 0.023<br>(1.051) | 0.000<br>(0.000) |
| INDEP | 0.029<br>(0.190) | 1.576<br>(1.329) | 0.218<br>(0.312) | 0.299<br>(0.255) |
| COMP | -0.021<br>(-1.608) | 0.198*<br>(1.881) | -0.094<br>(-1.246) | 0.053<br>(0.445) |

续表

| | (1)<br>收购比例<br>RATIO | (2)<br>跨行业<br>PRICE | (3)<br>同行业<br>PRICE | (4)<br>并购溢价<br>PREMIUM |
|---|---|---|---|---|
| AGE | 0.001<br>(0.838) | 0.014<br>(1.033) | 0.006<br>(1.171) | 0.006<br>(0.678) |
| DEGREE | 0.001<br>(0.185) | -0.090<br>(-1.580) | -0.031<br>(-1.488) | -0.066<br>(-1.319) |
| GENDER | -0.013<br>(-0.623) | 0.005<br>(0.013) | -0.07<br>(-0.563) | -0.437**<br>(-2.054) |
| TINV | 0.031<br>(1.206) | 0.616**<br>(2.015) | 0.143<br>(0.605) | 0.357<br>(1.167) |
| TFSGDP | -0.146***<br>(-6.236) | -2.625***<br>(-5.097) | -1.938***<br>(-7.107) | -3.361***<br>(-9.510) |
| TFIS | -0.072<br>(-0.898) | -2.419**<br>(-2.358) | -0.903<br>(-1.022) | -1.130<br>(-0.986) |
| AINV | 0.089**<br>(2.177) | 0.961<br>(1.564) | 0.804***<br>(2.783) | 0.905***<br>(2.813) |
| AFSGDP | -0.161**<br>(-2.572) | -1.517<br>(-1.396) | -1.825***<br>(-3.508) | -1.731***<br>(-2.946) |
| AFIS | -0.166***<br>(-5.242) | -0.871<br>(-0.718) | 0.046<br>(0.048) | -1.825**<br>(-2.170) |
| CONSTANT | 1.332***<br>(5.363) | 18.805***<br>(10.647) | 19.181***<br>(10.515) | 23.778***<br>(8.578) |
| Chow Test | | F=3.90<br>(P=0.009) | | |
| N | 3203 | 728 | 2475 | 2307 |
| Adj_$R^2$ | 0.023 | 0.154 | 0.120 | 0.069 |
| F | 4.275 | 4.267 | 14.76 | 8.029 |

注：***，**，*分别表示1%、5%、10%显著性水平，(4) 样本量减少为溢价数据存在部分缺失所致。

### 4.4.8 内生性及稳健性检验

(1)内生性处理。

①使用Heckman两阶段法

为克服可能的内生性影响，借鉴徐业坤等（2013）的研究，使用Heckman两阶段法来修正样本选择偏差。首先构建官员更替的选择模型（Probit模型），由于官员任期和年龄不受官员个人意志影响，可以看作外生变量，以官员任期（TENURE）、官员年龄（AGE）作为官员更替的解释变量，计算逆米尔斯比率（IMR），再将IMR代入政策不确定性影响跨地区并购规模决策的回归模型中，回归结果如表4-9所示。第二阶段加入IMR后，政策不确定性（CHANGE）的回归系数显著为负，IMR系数显著为正，表明考虑可能的内生性影响后，政策不确定性仍显著负向影响跨地区并购规模，支持原结论。



**表4-9　　内生性检验-Heckman两阶段法**

| | (1)<br>第一阶段<br>CHANGE | (2)<br>第二阶段<br>PRICE |
|---|---|---|
| TENURE | -2.613***<br>(-31.938) | |
| AGE | 0.017<br>(1.419) | |
| CHANGE | | -0.225***<br>(-2.667) |
| SIZE | | 0.066<br>(1.101) |
| LEV | | 0.168<br>(0.653) |
| GROW | | -0.028<br>(-0.320) |

续表

| | (1)<br>第一阶段<br>CHANGE | (2)<br>第二阶段<br>PRICE |
|---|---|---|
| FCF | | 1.687 ***<br>(3.038) |
| ROA | | -3.643 ***<br>(-4.885) |
| TARSIZE | | 0.005 ***<br>(7.743) |
| DUAL | | 0.102<br>(1.239) |
| BOARD | | -0.000<br>(-0.007) |
| INDEP | | 0.579<br>(0.993) |
| COMP | | -0.035<br>(-0.586) |
| AGE | | 0.007<br>(1.192) |
| DEGREE | | -0.046 ***<br>(-2.675) |
| GENDER | | -0.085<br>(-0.600) |
| TINV | | 0.241<br>(1.062) |
| TFSGDP | | -2.169 ***<br>(-6.078) |
| TFIS | | -1.245 **<br>(-2.217) |

续表

| | (1)<br>第一阶段<br>CHANGE | (2)<br>第二阶段<br>PRICE |
|---|---|---|
| AINV | | 0.792***<br>(2.587) |
| AFSGDP | | -1.708***<br>(-3.112) |
| AFIS | | -0.083<br>(-0.092) |
| IMR | | 0.062**<br>(2.181) |
| CONSTANT | 3.096***<br>(4.304) | 19.239***<br>(10.698) |
| N | 3203 | 3203 |
| Adj_R² | 0.779 | 0.135 |
| Chi2/F | 2889 | 13.49 |

注：***，**分别表示1%、5%显著性水平。



②倾向得分匹配法

我们进一步使用倾向得分匹配法（PSM）降低混杂因素的影响。将面临政策不确定性的并购样本视为实验组，从未面临政策不确定性的并购样本中匹配控制组进行对比检验。借鉴徐等（Xu et al.，2016）的研究，以企业规模、资产负债率、企业成长性、企业自由现金流量、盈利能力、产权性质、所属行业构建预测模型，采用最近邻 Logit 倾向得分1：1匹配方法匹配出基本面相似但未面临政治不确定性的控制组样本。使用实验组和匹配后的控制组样本对模型（4-1）进行回归，结果如表4-10列（1）所示，CHANGE 的系数显著为负，说明排除其他可能因素影响后原结论成立。

③安慰剂检验

我们借鉴徐等（Xu et al.，2016）的研究，进一步使用安慰剂检验来消除不可观测变量导致的误差。我们假设发生官员更替的省份在未来三年内再次出现官员更替事件，以此构建虚拟变量CHANGE1、CHANGE2和CHANGE3，将这些变量替代CHANGE进行回归。如果官员更替确实是抑制异地并购的重要因素，那么在未实际发生官员更替的时间不应观测到跨地区并购规模的显著变化。表4-10列（2）至列（4）报告了回归结果，CHANGE1、CHANGE2和CHANGE3均未通过显著性检验，说明官员更替事件确实对跨地区并购决策产生影响。

表4-10 PSM和安慰剂检验结果

| | (1)<br>PSM<br>PRICE | (2)<br>安慰剂检验1<br>PRICE | (3)<br>安慰剂检验2<br>PRICE | (4)<br>安慰剂检验3<br>PRICE |
|---|---|---|---|---|
| CHANGE | -0.242***<br>(-3.53) | | | |
| CHANGE1 | | -0.026<br>(-0.19) | | |
| CHANGE2 | | | 0.267<br>(1.46) | |
| CHANGE3 | | | | -0.024<br>(-0.18) |
| SIZE | 0.046<br>(0.55) | 0.070<br>(1.10) | 0.065<br>(0.97) | 0.049<br>(0.75) |
| LEV | -0.026<br>(-0.10) | 0.129<br>(0.53) | 0.180<br>(0.75) | 0.194<br>(0.79) |
| GROW | 0.120<br>(0.83) | -0.024<br>(-0.34) | -0.010<br>(-0.15) | -0.010<br>(-0.13) |
| FCF | 1.947**<br>(2.53) | 1.687***<br>(3.35) | 1.856***<br>(3.51) | 1.622***<br>(3.30) |
| ROA | -3.174**<br>(-2.48) | -3.722***<br>(-3.90) | -3.787***<br>(-4.19) | -3.670***<br>(-4.00) |
| TARSIZE | 0.006***<br>(4.74) | 0.005***<br>(6.84) | 0.005***<br>(6.64) | 0.005***<br>(6.95) |

续表

| | (1)<br>PSM<br>PRICE | (2)<br>安慰剂检验 1<br>PRICE | (3)<br>安慰剂检验 2<br>PRICE | (4)<br>安慰剂检验 3<br>PRICE |
|---|---|---|---|---|
| DUAL | 0.025<br>(0.22) | 0.098<br>(1.22) | 0.106<br>(1.29) | 0.106<br>(1.30) |
| BOARD | 0.038<br>(1.15) | −0.000<br>(−0.03) | 0.005<br>(0.33) | 0.001<br>(0.07) |
| INDEP | 0.444<br>(0.51) | 0.596<br>(1.24) | 0.664<br>(1.17) | 0.640<br>(1.05) |
| COMP | −0.018<br>(−0.26) | −0.050<br>(−0.88) | −0.046<br>(−0.94) | −0.032<br>(−0.56) |
| AGE | 0.010<br>(1.09) | 0.006<br>(1.11) | 0.008<br>(1.24) | 0.008<br>(1.25) |
| DEGREE | −0.077**<br>(−2.10) | −0.051**<br>(−2.44) | −0.051**<br>(−2.53) | −0.049**<br>(−2.34) |
| GENDER | 0.137<br>(0.43) | −0.086<br>(−0.80) | −0.055<br>(−0.53) | −0.046<br>(−0.66) |
| TINV | 0.431<br>(1.34) | 0.136<br>(0.56) | 0.105<br>(0.42) | 0.201<br>(0.82) |
| TFSGDP | −2.625***<br>(−4.98) | −2.036***<br>(−5.72) | −2.017***<br>(−5.88) | −2.089***<br>(−5.97) |
| TFIS | −1.338*<br>(−1.90) | −1.147*<br>(−1.69) | −1.211*<br>(−1.72) | −1.193*<br>(−1.74) |
| AINV | 0.734**<br>(2.16) | 0.773***<br>(2.78) | 0.671***<br>(3.12) | 0.856***<br>(2.78) |
| AFSGDP | −1.594***<br>(−2.74) | −1.659***<br>(−3.20) | −1.467***<br>(−3.65) | −1.749***<br>(−3.17) |
| AFIS | −0.525<br>(−0.52) | −0.047<br>(−0.05) | 0.090<br>(0.12) | −0.141<br>(−0.16) |

续表

| | (1)<br>PSM<br>PRICE | (2)<br>安慰剂检验 1<br>PRICE | (3)<br>安慰剂检验 2<br>PRICE | (4)<br>安慰剂检验 3<br>PRICE |
|---|---|---|---|---|
| CONSTANT | 19.299 ***<br>(10.21) | 19.337 ***<br>(9.98) | 19.101 ***<br>(10.98) | 19.366 ***<br>(9.99) |
| N | 1513 | 3156 | 3142 | 3096 |
| Adj_$R^2$ | 0.143 | 0.130 | 0.133 | 0.128 |
| Chi2/F | 8.73 | 14.81 | 14.77 | 15.00 |

注：***，**，*分别表示 1%、5%、10% 显著性水平。

④使用面板数据

为了克服内生性的影响，使用面板数据进行检验。首先，将样本处理成面板数据，当同一年同一家企业有多个并购事件时，仅保留并购支付金额最大的一个，最终保留了 2355 个观测值。其次，根据 Hausman 检验在固定和随机效应模型中选择随机效应。检验结果如表 4－11 所示。使用随机效应模型回归后，政策不确定性（CHANGE）、政策不确定性强度（NUM、ABNORMAL）与跨地区并购规模（PRICE）的回归系数仍然显著为负，目标地政策不确定性对跨地区并购规模有抑制作用，与前文结论一致，表明克服内生性影响后，研究结论依然稳健。

**表 4－11　　内生性处理－面板数据**

| | (1)<br>PRICE | (2)<br>PRICE | (3)<br>PRICE | (4)<br>PRICE |
|---|---|---|---|---|
| CHANGE | −0.201 ***<br>(−2.595) | −0.192 **<br>(−2.504) | | |
| NUM | | | −0.105 **<br>(−2.334) | |
| ABNORMAL | | | | −0.204 ***<br>(−2.621) |

续表

| | (1)<br>PRICE | (2)<br>PRICE | (3)<br>PRICE | (4)<br>PRICE |
|---|---|---|---|---|
| SIZE | | 0.035<br>(0.810) | 0.036<br>(0.844) | 0.035<br>(0.821) |
| LEV | | 0.110<br>(0.478) | 0.110<br>(0.477) | 0.111<br>(0.481) |
| GROW | | -0.024<br>(-0.270) | -0.018<br>(-0.199) | -0.024<br>(-0.271) |
| FCF | | 1.759***<br>(3.122) | 1.780***<br>(3.169) | 1.760***<br>(3.124) |
| ROA | | -4.697***<br>(-5.627) | -4.748***<br>(-5.692) | -4.699***<br>(-5.632) |
| TARSIZE | | 0.005***<br>(7.349) | 0.005***<br>(7.334) | 0.005***<br>(7.354) |
| DUAL | | 0.059<br>(0.723) | 0.060<br>(0.731) | 0.060<br>(0.725) |
| BOARD | | 0.001<br>(0.022) | -0.001<br>(-0.023) | 0.001<br>(0.021) |
| INDEP | | 1.471*<br>(1.822) | 1.426*<br>(1.770) | 1.470*<br>(1.822) |
| COMP | | -0.007<br>(-0.116) | -0.006<br>(-0.102) | -0.007<br>(-0.118) |
| AGE | | 0.006<br>(1.058) | 0.006<br>(1.072) | 0.006<br>(1.065) |
| DEGREE | | -0.047*<br>(-1.913) | -0.047*<br>(-1.897) | -0.047*<br>(-1.909) |

续表

| | (1)<br>PRICE | (2)<br>PRICE | (3)<br>PRICE | (4)<br>PRICE |
|---|---|---|---|---|
| GENDER | | -0.093<br>(-0.572) | -0.094<br>(-0.581) | -0.094<br>(-0.583) |
| TINV | | 0.539 **<br>(2.218) | 0.529 **<br>(2.179) | 0.540 **<br>(2.224) |
| TFSGDP | | -2.544 ***<br>(-5.723) | -2.578 ***<br>(-5.756) | -2.553 ***<br>(-5.739) |
| TFIS | | -1.639 **<br>(-2.342) | -1.579 **<br>(-2.260) | -1.638 **<br>(-2.341) |
| AINV | | 0.817 ***<br>(3.218) | 0.833 ***<br>(3.271) | 0.820 ***<br>(3.227) |
| AFSGDP | | -1.701 ***<br>(-3.647) | -1.724 ***<br>(-3.692) | -1.703 ***<br>(-3.649) |
| AFIS | | -0.562<br>(-0.742) | -0.577<br>(-0.761) | -0.564<br>(-0.746) |
| CONSTANT | 19.018 ***<br>(431.543) | 19.448 ***<br>(19.147) | 19.451 ***<br>(19.126) | 19.444 ***<br>(19.137) |
| N | 2355 | 2355 | 2355 | 2355 |
| $R^2$ | 0.003 | 0.115 | 0.115 | 0.115 |
| Chi2 | 6.732 | 228.1 | 226.2 | 228.2 |

注：***，**，*分别表示1%、5%、10%显著性水平。

（2）稳健性检验。

①使用党代会召开作为官员更替的替代指标

省长和省委书记除特殊情况换届下，通常情况下在全国党员代表大会召开的年度换届频率会更高（罗党论和廖俊平，2016）。全国党员代表大会每五年召开一次，样本涵盖期间分别在2007年、2012年、2017年召开过党代会，因此使用党员代表大会的召开替代地方官员更替表示政策不确定性，检验政策不确定性对跨地区并购规模的影响。变量设置为 MEETING，当样本属于2007年、2012年、2017年时取值为1，否则取值为0。使用党代会召开（MEETING）为解释变量对跨地区并购规模（PRICE）回归，结果如表4－12列（1）所示，在党代会年份，地方主政官员换届的可能性大大增加，政策不确定性风险升高，企业跨地区并购规模显著降低。

②排除中央企业的影响

本书研究地方官员更替对企业并购的影响，从行政层级来看，中央企业隶属于中央政府，受地方政策影响相对较小。因此，剔除中央管理企业并购样本后再次进行回归分析，结果如表4－12列（2）所示，CHANGE 的回归系数仍然显著为负，原结论稳健。

③替换控制变量

前文企业层面、治理层面和地区层面控制变量均取滞后一期的数据，稳健性检验中控制变量取并购当期数据重新进行回归，结果如表4－12列（3）所示。政治不确定性与跨地区并购规模的回归系数仍然显著为负，表明政治不确定性对跨地区并购规模有抑制作用，控制变量改变后原结论仍然稳健。



④扩大并购样本

借鉴已有研究（Nguyen and Phan，2017；Bonaime et al.，2018），我们改变并购样本的筛选标准，将收购金额由原来的限定到500万元改变为限定到100万元，即包括收购金额在100万～500万元的样本。对模型（4－1）进行回归后结果如表4－12列（4）所示，CHANGE 的系数仍然显著为负，原结论稳健。

表4－12　稳健性检验结果

| | (1)<br>使用党代会指标<br>PRICE | (2)<br>排除中央企业<br>PRICE | (3)<br>替换控制变量<br>PRICE | (4)<br>扩大并购样本<br>PRICE |
|---|---|---|---|---|
| MEETING | −0.193***<br>(−2.930) | | | |
| CHANGE | | −0.235***<br>(−3.26) | −0.167**<br>(−2.171) | −0.233***<br>(−2.68) |

续表

| | (1)<br>使用党代会指标<br>PRICE | (2)<br>排除中央企业<br>PRICE | (3)<br>替换控制变量<br>PRICE | (4)<br>扩大并购样本<br>PRICE |
|---|---|---|---|---|
| SIZE | 0.074**<br>(2.213) | 0.024<br>(0.31) | 0.135**<br>(2.360) | 0.035<br>(0.50) |
| LEV | 0.156<br>(0.833) | 0.183<br>(0.60) | 0.266<br>(1.266) | 0.120<br>(0.43) |
| GROW | −0.007<br>(−0.095) | −0.060<br>(−0.59) | 0.034<br>(0.388) | −0.029<br>(−0.38) |
| FCF | 1.625***<br>(3.592) | 1.761***<br>(4.27) | 1.045***<br>(2.695) | 1.393**<br>(2.25) |
| ROA | −3.697***<br>(−5.523) | −3.415***<br>(−4.23) | −2.631***<br>(−3.463) | −3.466***<br>(−3.82) |
| TARSIZE | 0.005***<br>(11.049) | 0.006***<br>(4.72) | 0.005***<br>(6.635) | 0.006***<br>(8.47) |
| DUAL | 0.092<br>(1.440) | 0.058<br>(0.82) | 0.081<br>(1.010) | 0.119<br>(1.23) |
| BOARD | −0.000<br>(−0.015) | −0.034<br>(−1.44) | −0.016<br>(−1.040) | −0.016<br>(−0.95) |
| INDEP | 0.579<br>(0.903) | 0.436<br>(0.62) | −0.297<br>(−0.466) | 0.623<br>(1.15) |
| COMP | −0.043<br>(−0.846) | 0.004<br>(0.06) | −0.072*<br>(−1.945) | 0.011<br>(0.17) |
| AGE | 0.008*<br>(1.647) | 0.005<br>(0.87) | 0.007<br>(1.341) | 0.010<br>(1.27) |
| DEGREE | −0.047**<br>(−2.422) | −0.051**<br>(−2.26) | −0.060***<br>(−2.591) | −0.039**<br>(−2.18) |
| GENDER | −0.074<br>(−0.592) | −0.074<br>(−0.52) | −0.141<br>(−0.987) | −0.071<br>(−0.57) |

续表

| | (1)<br>使用党代会指标<br>PRICE | (2)<br>排除中央企业<br>PRICE | (3)<br>替换控制变量<br>PRICE | (4)<br>扩大并购样本<br>PRICE |
|---|---|---|---|---|
| TINV | 0.149<br>(0.769) | 0.233<br>(1.13) | 0.360**<br>(2.093) | 0.424*<br>(1.90) |
| TFSGDP | -2.087***<br>(-5.806) | -2.302***<br>(-10.66) | -2.349***<br>(-8.849) | -2.494***<br>(-6.17) |
| TFIS | -1.123*<br>(-1.960) | -1.451***<br>(-2.65) | -1.224*<br>(-1.741) | -1.713**<br>(-2.23) |
| AINV | 0.794***<br>(3.983) | 0.940***<br>(4.12) | 0.803***<br>(6.063) | 0.899***<br>(3.10) |
| AFSGDP | -1.698***<br>(-4.800) | -1.580***<br>(-3.46) | -1.843***<br>(-4.957) | -1.826***<br>(-3.14) |
| AFIS | -0.107<br>(-0.185) | 0.314<br>(0.50) | 0.056<br>(0.067) | 0.017<br>(0.02) |
| CONSTANT | 19.145***<br>(23.445) | 19.977***<br>(9.14) | 18.703***<br>(11.580) | 19.183***<br>(9.07) |
| N | 3203 | 2720 | 3038 | 3306 |
| Adj_$R^2$ | 0.128 | 0.117 | 0.134 | 0.123 |
| F | 19.06 | 11.59 | 15.92 | 15.52 |

注：***，**，*分别表示1%、5%、10%显著性水平。

## 4.5 本章小结

第一，本章检验了目标地政策不确定性对跨地区并购规模的影响，发现目标地政策不确定性与企业跨地区并购规模显著负相关；使用官员更替数量、官员是否正常换届表示政策不确定性强度，发现政策不确定性强度越大，跨地区并购规模下降越明显。在使用 Heckman 两阶段法、PSM、安慰剂检验、面板数据样本控制内生性后结论依然成立。本研究还使用党代会召开作为官员更替的替代指标、排除中央企业影响、改变控制变量、扩大样本等进行稳健性检验，结论仍保持不变。

第二，本章还考察了主并方产权性质特征的影响，研究发现，政策不确定性对跨地区并购规模的抑制作用仅在民营企业中显著，在中央企业和地方国有企业中不显著，表明国有身份可以帮助主并企业缓解目标地政策不确定性对并购交易的影响，提升企业跨地区并购规模。

第三，本章还探索了官员更替影响企业跨地区并购规模的政策工具。以财政、税收、行政监管等政策的波动性表示官员更替后地区政策的变化，使用中介效应模型检验政策影响渠道，发现官员更替主要通过增加财政政策和税收政策的不确定性影响企业跨地区并购规模。官员更替对地区行政监管政策波动影响不明显。

第四，本章检验了政策不确定性影响跨地区并购规模的机制。①竞争保护机制的检验方面，以并购收购比例表示并购后企业为异地企业服务、与目标地官员政绩需求相悖的程度，检验发现目标地政策不确定性与跨地区并购收购比例显著负相关，侧面印证了目标地政策不确定性通过竞争保护机制影响跨地区并购规模决策；②低效评估机制的检验方面，以并购双方是否属于同一行业表示双方的信息不对称程度，发现目标地政策不确定性对并购规模的抑制作用在跨行业并购中更显著，即政策不确定性通过增加并购双方的信息不对称影响并购评估过程进而影响并购决策，侧面印证了低效评估机制；③强势议价机制的检验方面，以并购溢价表示并购双方的相对议价能力，发现政策不确定性与并购溢价显著负相关，表明政策不确定性降低了目标企业的议价能力，印证了强势议价机制。

政策不确定性已成为降低地区投资吸引力、阻碍资本流动的因素。新任官员通过短期政策调整完成晋升业绩的做法不利于地区招商引资，反而会引发外部投资者对本地区投资的消极情绪，应引导地方官员从追求短视化政绩向注重规划长期性转变。企业进行跨地区并购决策时，应重视投资目标地官员更替可能引发的政策不确定性风险，充分论证政策不确定性情况下跨地区投资的必要性与可行性，评估并购全流程、各阶段政策不确定性的可能影响，制定合理的并购方案，降低政策风险。

# 第5章 政策不确定性、营商环境差异与跨地区并购决策

## 5.1 营商环境差异的调节作用

### 5.1.1 营商综合环境差异的调节作用

跨地区并购具有属地特征，企业在决策时通常要考虑不同地区的制度环境差异。以往学者从政府干预、要素市场发育程度、地区投资者保护等角度考察制度环境特征对跨地区并购决策和绩效的影响（方军雄，2007；唐建新等，2010；姚益龙等，2014）。而与政府干预、要素市场发育程度、地区投资者保护等制度因素相比，营商环境的内涵更加广泛，更能代表影响企业投资决策的地区环境。

营商环境是指企业整个生命周期内生产经营活动所面临的外部综合环境。受地区经济发展水平、改革进程、政策法规、文化等因素的影响，我国不同地区营商环境呈现出明显差异。营商环境差异表现在政府服务效率、投资者保护、金融发展、创新活力、对外投资便利化、城市建设与规划国际化等方面。例如政府服务效率方面，上海的“一窗通”服务平台整合各部门网上系统，将原来的企业开办时间由22个工作日缩减至最短5个工作日，开办费用也大幅度下降，其他城市的企业可能要经历企业名称预先核准、设立登记、刻章、税务等更多程序和时间。再如司法效率方面，沿海地区解决商业纠纷平均需要5个月的时间，而

内陆城市平均需要12个月的时间（杨进和张攀，2018）。虽然随着中央政府发出优化营商环境的号召，各地区“放管服”改革措施陆续推出，地区营商环境在持续优化，但由于不同地区改革方案、执行力度、执行效率上存在差异，营商环境的优化效果也存在时滞，我国各省市营商环境仍存在较明显差距且有进一步分化之势。

良好的营商环境是企业生存和发展的基石，是企业扩张和跨区域经营的重要保证。龙（Long，2010）研究发现地区良好的法治质量可以为企业的投资、创新和远距离贸易等活动提供有力保障。在营商环境较好的地区，政府会在企业对外投资时为企业搜集行业和地区信息、提供专项资金支持、搭建经验交流平台、提供产权保护和风险识别指导、在出现纠纷时帮助解决等，解决企业跨地区投资后顾之忧，帮助企业更好应对异地不确定性风险。杨进和张攀（2018）研究发现，地区司法公正程度会影响企业的融资能力，而强有力的产权保护会提高企业的跨区域投资积极性，帮助企业降低区域外市场中政府和其他强势团体的掠夺风险。

营商环境越好，地区为企业提供的保障越强，企业越有资源和能力应对异地不确定性风险。考虑到地区提供的这种保障和能力也具有相对性，只有比目标地区具备更好的司法保障、更强大的信息服务、更多的资金支持才能帮助企业在投资时降低风险。利姆和李（Lim and Lee，2017）指出跨国并购中发达国家的政府比新兴市场国家的政府在国际市场上具有更多的话语权和影响力，能够帮助并购方推进政府审批、快速获得融资、加快并购流程。因此，要考虑营商环境差异对政策不确定环境下企业跨地区投资的风险缓冲作用。

营商环境差异的调节作用示意图如图5-1所示。当目标地政策不确定较高时，主并企业相比目标企业所在地区营商环境较差（右下角），主并企业缺乏应对目标地政策不确定性的能力和资源，企业跨地区并购风险较高，企业应该缩减并购规模；主并企业相比目标企业所在地区营商环境较好（右上角），主并企业有能力和资源应对政策不确定性，跨地区风险得到缓冲，企业投资意愿提升，企业会选择适度提高并购规模。因此，营商环境差异可以在政策不确定性与跨地区并购规模决策之间发挥调节作用。

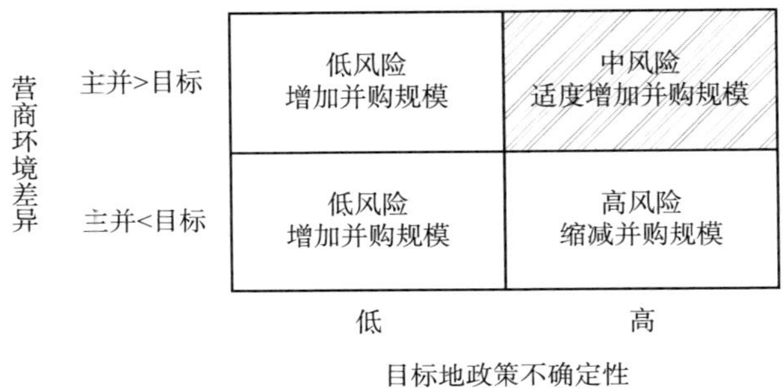


**图5-1 营商环境差异的调节作用示意图**

本研究认为主并地区相对于目标地区营商环境越好，越能够通过信息优势、效率优势、融资优势等降低目标地政策不确定性导致的政策风险和市场摩擦，提高企业跨区域投资水平。具体而言：

一方面，主并企业所在地营商环境越好，企业并购后对目标地区的外部正向溢出效应越强，越有可能获得目标地区新任官员心中的合意性，从而降低政策风险和审批风险。



制度理论指出，合法性越高的企业越容易得到利益相关者的认可，在交易过程中遇到的阻碍越小、交易成本越低（DiMaggio and Powell，1983）。在跨地区并购中，企业合法性最主要的来源就是地方政府。主并企业在目标地官员更替期能否减弱政策风险主要在于是否满足新任官员的政绩诉求、与政府官员的期待和利益保持一致。

当主并地区相对目标地区营商环境更好时，主并企业跨地区并购进入目标地区更容易获得政府合法性。具体来说，新任官员在上任之初激励最强，在政绩考核下期待做出超越前人的成绩，其利益诉求是吸引优质企业入驻、做大做强本地企业，提高地区经济发展水平等。官员在晋升激励下通常不倾向于区际合作，更多会选择市场分割（周黎安，2004）。但徐现祥等（2007）和皮建才（2008）指出理性的官员选择市场分割还是地区合作主要取决于外部溢出效应的正负。当主并企业由营商环境较好的地区而来时，主并地区金融发展水平更高、创新体系更完善，企业技术能力、创新能力更强，并购后可以通过企业内部的要素流动实现知识、技能、管理的溢出，减少企业的学习成本，提高合并后企业的发展潜力。营商环境好的地区投资者保护程度更强，企业公司治理水平更高，跨地区并购有利于公司治理能力溢出，使目标企业接受更高水平的制度安排，提高目标企业的股东保护水平（唐建新和陈冬，2010）。科加等（Kogut et al.，1993）指出跨国并购有利于与各地优势资源建立联系，通过跨国公司内部可以实现知识资源的跨国界转移和利用。目标企业知识、技术、公司治理手段的应用还有助于引发整个地区的学习效应，提升地区整体的发展水平。在外部溢出效应为正的情况下，目标地官员倾向于接纳外来企业，此时的主并企业跨地区并购交易更为顺利，并购规模也更大。

当主并企业由营商环境较差的地区而来时，主并企业的投资对目标地区溢出效应较小，还可能利用并购交易获得目标地政府为提高本地经济发展活力专设的税收优惠、财政补贴、土地等资源，存在制度套利动机。布朗（Brown，2011）指出发达国家的政府更容易怀疑新兴市场企业真正的跨国并购动机。当新兴市场企业收购发达国家先进企业时，发达国家政府会担忧技术优势地位的丧失（Cheng and Yang，2017）。这种情况下的跨地区并购交易挤占了本地企业发展的优势条件，不利于目标地政府官员完成任期绩效考核任务，因此不满足新任官员的合法性要求，此时的跨地区交易容易受到阻力，并购规模随之下降。



另一方面，主并企业所在地营商环境越好，越可以建立起信息优势，降低目标地政策不确定性环境下对目标企业准确评估的风险。

目标地政策不确定性对跨地区并购评估过程的影响主要在于提高了主并企业获取准确信息的难度。主并企业不能准确预测目标企业可能享受的各方资源支持以及遭受的政策风险，也不能从目标较差的业绩中剥离外部不利环境因素的影响是降低其并购积极性的原因。只有具备较强的信息获取、筛选和解码能力，才能有效应对政策不确定性引发的评估风险。

当主并企业所在地营商环境较好时，企业跨地区并购的信息优势较强。

第一，主并地区的政策更加公开透明，更容易建立起跨地区、跨部门、跨行业的信息沟通平台，政企沟通机制更完善，企业接收行业政策的渠道畅通，行业层面的政策信息更容易传达到企业层面。行业政策或产业政策是由中央统一制定并在全国范围内统一实施的，以行业为区分，受地区的影响较小，因此同行业间享受的政策约束和优惠较为一致。即使目标地区发生官员更替，新任官员上任后对行业性的政策调整较少，所以行业层面的政策波动较小。当进行同行业并购时，由于主并企业对行业的发展趋势以及享受的扶持政策非常了解，所以在一定程度上可以排除政策不确定性的干扰对目标企业的未来发展进行准确评估。

第二，营商环境更好的地区政府服务意识更强，会为企业提供更多信息交流机会，提供有前瞻性和针对性培训和指导，组织企业参与研讨交流会、学习投资经验，帮助企业识别对外风险。孙秀明等（2015）调研指出上海市会为企业提供有关项目可行性研究和海外市场分析的服务，通过成功与失败案例的演示帮助企业汲取经验、降低投资风险。黄嫚丽等（2017）指出缺乏经验的企业会低估跨国并购中的制度、政策风险。具备丰富经验的主并企业在目标地出现政策不确定性时能知晓该情景将如何影响市场运作以及如何有效应对。程聪和贾良定（2016）指出以往经验可以帮助企业构建相对成熟的解决方案，减少处理类似事件时的沉没成本，提高管理效率。乔璐（2020）认为发达地区的企业跨地区并购经验更强。主并企业可以基于经验预测目标地的政策走向以及政策对并购交易、并购后期企业经营的可能影响，从而及时、恰当地提出应对政策不确定性的方案。



第三，主并地区金融发展水平更高，金融机构和中介机构发育更加完善，执业能力、经验和信息获取能力更强，能更好地为主并企业完成尽调服务。大型中介机构的信息网络较为发达，能获取较大范围的企业信息，在目标地出现政策不确定时，中介机构可以利用关系网络帮助主并企业识别目标企业的真实价值，提高评估准确性，降低主并企业因为错误估计而多付成本的风险。

综上所述，目标地官员更替导致的政策不确定性会通过影响并购审批和评估过程增加主并企业跨地区并购的风险、降低投资规模。主并地区相对目标地区的营商环境优势可以帮助主并企业获得目标地区新任官员的认可，降低并购审批风险，也可以帮助企业建立起信息优势，更好地对目标企业进行评估，即营商环境差距通过降低政策不确定性引发的跨地区并购交易过程中的审批和评估风险发挥调节作用。基于以上分析，提出假设5：

H5：主并企业所在地的营商环境越好于目标地区，越能缓解目标地政策不确定性对跨地区并购规模的抑制作用。

### 5.1.2　营商环境各维度差异的调节作用

营商环境是一个企业生存发展涉及的外部综合环境，包括影响企业从开办到破产过程中的体制机制性因素以及企业生产经营所需的水、电、互联网、交通等基础设施环境。体制机制性因素需要政府通过改革不断深化，而基础设施等硬环境需要政府积极投资建设（代明，2005）。在优化营商环境的过程中，政务环境是营商环境中最重要的一部分，营商环境优化就是要打造服务型政府。除政务环境外，金融环境也是企业发展密不可分的因素。地区的金融服务水平关系到企业的生产效率和发展活力，融资约束越小的企业越有能力进行投资和创新活动（孙晓华等，2015）。优化金融环境要加大对中小企业、民营企业的支持力度，拓宽市场融资渠道，合理利用外资，扩大融资规模。娄成武和张国勇（2018）认为营商环境是地方政府竞争的重要场域。地区的创新能力、创新活力和创新产出是地区是否具有投资吸引力的关键，所以地区创新环境也是营商环境的重要维度。此外，基础设施环境是支撑企业生产运营的物质条件、有形条件，基础设施是否完备也是企业在投资时关注的重要条件。基于以上分析，本研究将营商环境界定为企业经营发展过程中所涉及的制度软环境和硬环境，具体划分为政务、金融、创新、基础设施四个维度。地区之间各维度的营商环境存在显著差异，会影响跨地区并购决策中政策不确定性与并购规模的关系。

①政务环境差异

政务环境差异表明两地政府在政务服务、行权方式、对企业行为的干预、政务公开透明程度、办事效率等方面存在不同。主并企业所在地营商政务环境越好，当地政府越可能建立涵盖资金、技术、信息、管理、法律等多方面的服务体系，为企业提供共享信息服务、搭建企业沟通平台、提供资金支持、法律维权指导等（孙秀明等，2015）。主并企业获得的国家层面、行业层面的政策信息越多，越可以在目标地官员更替时剥离地方政策不确定的影响，通过识别目标企业可以稳定享受的产业政策，可以在一定程度上降低对目标企业价值判断的不确定风险。政府、商会、协会等组织的企业研讨会、经验交流会等可以帮助企业获得对外投资的知识和经验，使主并企业能预估政策不确定对并购交易的影响并提出恰当的应对方案，降低投资风险。综合来看，主并企业与目标企业所在地的营商政务环境差异越大，主并企业越能具备应对目标地政策不确定性的信息和经验，越有利于降低企业投资风险，提高企业并购规模。据此，提出假设6：

H6：主并企业所在地的政务环境越好于目标地区，越能缓解目标地政策不确定性对跨地区并购规模的抑制作用。

②金融环境差异

金融环境差异表明两地区金融市场发展程度、金融机构和中介机构发育程度、企业融资难度等方面存在不同。一方面，主并地区金融环境越好，企业在投资时可以获得融资的途径越多。政府专项资金、银行信贷、商业信用、发行债券、股票融资等多渠道的资金支持可以为主并企业在异地并购时提供资金保证，当遭遇目标地政策不确定性导致的支付方式限制、目标企业融资困难时，主并企业可以灵活调整支付方案、通过企业内部资金流动缓解目标地企业融资困境。另一方面，主并地区金融环境越好，中介机构发育越完善，越能为主并企业的跨地区并购提供优质服务。财务顾问、会计师事务所、法律事务所等中介机构越成熟，越能凭借专业能力和信息网络在目标地政策不确定环境下获得更多目标企业有价值的信息，提高调查资料的可靠性，降低评估风险。综合来看，主并企业与目标企业所在地的营商金融环境差异越大，主并企业越有能力应对目标地政策不确定性，从而越愿意提供投资水平。据此，提出假设7：



H7：主并企业所在地的金融环境越好于目标地区，越能缓解目标地政策不确定性对跨地区并购规模的抑制作用。

③创新环境差异

创新环境差异表明两地区在公共创新基础建设、知识储备、创新人才、管理理念、生产效率方面存在不同。创新环境差距有利于促进低创新地区企业借助跨地区并购这个跳板，获取先进技术和管理知识，降低自身创新成本，提高企业整体创新水平。贾镜渝和李文（2016）研究指出知识距离越大的跨国并购越有助于企业快速获取瓶颈知识，提升企业能力，获得协同效应。主并企业跨地区并购可以通过知识和技术溢出帮助目标企业和目标地区节约创新成本、提高创新水平，具有正外部性。目标地官员更替后，来自创新环境更好地区的主并企业能获得新任官员的认可和支持，其并购交易遭遇政策风险的可能性降低，投资意愿和投资水平随之提高。据此，提出假设 8：

H8：主并企业所在地的创新环境越好于目标地区，越能缓解目标地政策不确定性对跨地区并购规模的抑制作用。

④基础设施环境差异

基础设施环境差异是指两地区在交通、通信、供水、供电等方面存在便利程度、服务效率等方面的不同。在影响企业跨地区并购交易的各类基础设施中，交通基础设施的作用最为明显。从交通基础设施的运输作用来看，交通基础设施便利化程度越高，越可以方便主并企业高管及时前往目标地区了解政策不确定性风险并提出应对方案。从交通基础设施促进信息流动的作用来看，交通基础设施的发展有利于信息的充分流动和交换（龙玉等，2017），知识的交流共享、各机构信息网络的建立都有助于主并企业掌握大量信息，降低与目标企业的信息不对称程度，缓解异地并购风险。除了交通基础设施外，互联网、邮电业务的发展也发挥着类似的作用。综合来看，主并地区基础设施环境越好，越有助于主并企业建立信息优势，使其及时了解目标地区政策走向、提高对目标价值评估的准确性，从而在目标地官员更替时期降低跨地区并购风险，提高双方达成大规模并购交易的意愿。



基于以上分析，提出研究假设 9：

H9：主并企业所在地的基础设施环境越好于目标地区，越能缓解目标地政策不确定性对跨地区并购规模的抑制作用。

## 5.2　营商环境评价指标体系构建及差异测算

本章研究营商环境差异对政策不确定性与跨地区并购关系的调节作用，营商环境差异是主并企业所在地与目标企业所在地之间的营商环境的差异，需要先测算各地区的营商环境得分，再在此基础上计算营商环境差距。

（1）营商环境评价指标体系的构建。

营商环境界定为企业经营发展过程中所涉及的制度软环境和硬环境，具体划分为政务、金融、创新、基础设施四个维度，四个维度分别设定为评价体系的一级指标。结合各维度的营商环境优化目标设计一级指标下属的二级指标，最终得到包含4个一级指标、11个二级指标、14项评估内容的营商环境评价指标体系，见表5－1。各维度具体内容如下：

A. 政务环境

政务环境包含政府效率、政府廉洁、司法文明、政府透明4个二级指标。政府效率指标来源于《中国地方政府效率研究报告》。政府廉洁指标使用各省份全年立案侦查职务犯罪案件数表示，该数据来源于《中国检察年鉴》及历年各省份人民检察院工作报告。司法文明指标和政府透明指标反映政府执法和政务公开透明情况，司法文明指标来源于国家司法文明协同创新中心公布的历年《中国司法文明指数报告》中的省份司法文明得分，政府透明度指标来源于中国社会科学院法学研究所、社会科学文献出版社联合发布的历年《中国政府透明度指数报告》中的省份综合得分。

B. 金融环境

金融环境包含金融服务和对外开放2个二级指标，每个二级指标下面又分别包括2项评估内容。金融服务包括民间融资效率和总体融资效率2项，以年末金融机构各项存款余额和年末金融机构各项贷款余额表示，数据来源国家统计局网站。存贷款规模越大表明地区金融机构对企业的资金支持力度越大，企业融资环境较好。对外开放指标包括外企投资比和贸易依存度2项，外企投资比以外资直接投资企业数与地区企业数量之比表示，贸易依存度以海关进出口金额与地区GDP之比表示，历年数据来源于国家统计局，对外贸易越发达、外商投资越多反映出地区对外贸易越频繁，支撑对外贸易的金融体系越完善。

C. 创新环境

创新环境包括创新能力、创业活力和创新产出3个二级指标。创新能力以财政科学技术支出占地区GDP的比重表示，财政支出中科学支出越多表明地区对创新的支持力度越大，越有利于培养创新能力。创业活力以地区新建企业数量表示，创业企业数量反映了地区创新环境的活跃程度。创新产出以发明专利授权数量表示，创新产出是研发的结果，企业得以应用的发明专利越多，企业竞争力越强。数据来源于国家统计局网站。

D. 基础设施环境

基础设施环境包括交通环境和通信环境 2 个二级指标，通信环境又包括 2 项评估内容。交通环境以航空运输业就业人员数量表示，航空旅行比公路、铁路旅行更能反映商务交流的便利程度，服务人员越多表示航空运输越发达，人员往来越频繁。通信环境包括人均互联网接入量和人均邮电业务量 2 项，互联网和邮电业务越多反映出地区商贸业务越发达，营商环境越好。数据均来源于国家统计局网站。

**表 5-1　　营商环境评价指标体系**

| 一级指标 | 二级指标 | 计算方法 | 数据来源 |
|---|---|---|---|
| 政务环境 | 政府效率 | 政府效率指数 | 《中国地方政府效率研究报告》 |
| | 政府廉洁 | 全年立案侦查职务犯罪案件数 | 《中国检察年鉴》及各省份人民检察院工作报告 |
| | 司法文明 | 司法文明指数 | 《中国司法文明指数报告》 |
| | 政策透明 | 政府透明度指数 | 《中国政府透明度指数报告》 |
| 金融环境 | 金融服务 | 民间融资效率：年末金融机构各项存款余额 | 国家统计局网站 |
| | | 总体融资效率：年末金融机构各项贷款余额 | 国家统计局网站 |
| | 对外开放 | 外企投资比 = 外资直接投资企业数/企业数 | 国家统计局网站 |
| | | 贸易依存度 = 海关进出口金额/地区 GDP | 国家统计局网站 |
| 创新环境 | 创新能力 | 财政科学技术支出占地区 GDP 的比重 | 国家统计局网站 |
| | 创业活力 | 新建企业数量 | 国家统计局网站 |
| | 创新产出 | 发明专利授权数量 | 国家统计局网站 |
| 基础设施环境 | 交通环境 | 航空运输业就业人员数量 | 国家统计局网站 |
| | 通信环境 | 人均互联网接入量 | 国家统计局网站 |
| | | 人均邮电业务量 | 国家统计局网站 |

（2）营商环境的评价方法。

①缺失值的处理。对各指标中存在缺失值的，采用均值插补法、指数平滑法进行处理。例如如果某省 2016 年某项指标存在缺失，则使用 2015 年和 2017 年的数据取均值替代；如果某省 2017 年某项指标存在缺失，则利用 2015 年和 2016 年数据的增长率进行平滑处理。

②指标数据标准化。采用效用值法对指标进行标准化处理，效用值的值域为［0，1］，计算公式如模型（5－1）所示，a 表示指标，b 表示省份，$x_{ab}$表示 a 指标在 b 区域的值，$x_{amin}$表示 a 指标的最小值，$x_{amax}$表示指标最大值，$y_{ab}$表示 a 指标的效用值。

$$y_{a,b}=\frac{x_{ab}-x_{amin}}{x_{amax}-x_{amin}} \tag{5-1}$$

③指标权重确定。采用变异系数法确定各指标权重，变异系数计算公式如模型（5－2）所示，$S_a$ 表示 a 指标的标准差，$\bar{x}$ 表示样本均值。各指标权重计算公式为模型（5－3）。

$$V_a=S_a/\bar{x} \tag{5-2}$$

$$w_a = V_a\Big/\sum_{a=1}^{n}V_a \tag{5-3}$$



④加权综合计算综合得分。先根据分项指标和权重计算一级指标得分，再由一级指标得分加总得到营商综合环境得分，综合得分再经标准化，转换到［0，1］之间。

（3）营商环境差异的计算。

每个异地并购事件涉及的主并企业和目标企业所在省份的营商综合环境差异由主并企业所在省份营商综合环境得分减去目标企业所在省份营商综合环境得分计算而来。

## 5.3 研究设计

### 5.3.1 样本选择与数据来源

本部分选取的并购事件、官员更替数据和控制变量数据与第 4 章相一致。

营商环境各指标数据来源于国家统计局网站、《中国地方政府效率研究报告》《中国区域创新创业指数》《中国司法文明指数报告》《中国政府透明度指数报告》《中国检察年鉴》及历年各省份人民检察院工作报告。由于《中国司法文明指数报告》为 2014 年首次出版，所以营商环境数据样本期间限定为 2014 ~ 2018 年。2015 ~ 2018 年的跨地区并购样本与滞后一期的营商环境变量匹配，最终样本量为 1411 个。为控制极端值影响，本研究对所有连续变量上下 1% 进行缩尾处理。

### 5.3.2 变量定义

营商环境差异。营商环境差异为主并方与目标方所在地环境得分之差。设置 5 个指标，分别为营商综合环境差异 Z、营商政务环境差异 ZA、营商金融环境差异 ZB、营商创新环境差异 ZC、基础设施环境差异 ZD。指标数值越大，表明主并地区营商环境越好于目标地区。

其余变量与第 4 章保持一致。



### 5.3.3 模型设计

本章采用 OLS 回归模型检验营商环境差距对政策不确定性与跨地区并购规模关系的调节作用。具体模型设计如式（5 -4）所示。

$$
\begin{aligned}
PRICE_{i,t} = \alpha_0 + \alpha_1 CHANGE_{i,t} + \alpha_2 CHANGE_{i,t} \times ZSCORE_{i,t-1} \\
+ \alpha_3 ZSCORE_{i,t-1} + \beta X_{i,t-1} + \varepsilon_{i,t}
\end{aligned}
\quad (5-4)
$$

其中，PRICE 为跨地区并购规模；CHANGE 表示政策不确定性，ZSCORE 表示营商环境差异，代表 Z、ZA、ZB、ZC、ZD 五个变量，X 表示控制变量。考虑到不同因素间的影响存在时滞以及克服内生性的影响，企业层面、治理层面和地区层面控制变量取滞后一期数据，其余变量取当期数据。为控制引入交乘项可能导致的多重共线性，将营商环境差距变量中心化处理后再代入方程进行检验。本研究对所有回归模型采用 robust 修正异方差的影响。

# 5.4 实证结果与分析

## 5.4.1 营商环境评价结果

表5-2为大陆地区31个省、自治区、直辖市的营商环境评价结果，以2017年为例。营商综合环境排名第1的是上海市，北京市位列第2。上海和北京对标国际先进，近年来推出了一系列改革优化营商环境的举措，例如实行开办企业全程网上办、将企业设立登记时间压缩为2个工作日内、提供企业档案“容e查”服务等，改革措施取得了有益的成效，在政务、金融、创新和基础设施建设方面均走在全国前列，国务院特下发通知在全国推广和复制两市的做法。广东省和浙江省分别排名第3位和第4位，良好的营商环境为经济发展打下了坚实的基础，也是企业投资的热门目标地区。天津虽然营商综合环境排名第5，但是政务环境排名在第17位，这可能与其党的十八大以来官员职务犯罪案件较多有关。还有诸多省份存在个别维度的营商环境较差的情况，反映出部分省份营商环境发展不均衡，亟待对某些方面进行改革和优化。



表5-2　各省营商环境评价结果（2017年）

| 省份 | 综合环境 | | 政务环境 | | 金融环境 | | 创新环境 | | 基础设施环境 | |
|---|---|---|---|---|---|---|---|---|---|---|
| | 得分 | 排名 | 得分 | 排名 | 得分 | 排名 | 得分 | 排名 | 得分 | 排名 |
| 上海 | 1.000 | 1 | 1.000 | 1 | 1.000 | 1 | 0.968 | 2 | 0.890 | 3 |
| 北京 | 0.976 | 2 | 0.832 | 2 | 0.967 | 2 | 1.000 | 1 | 0.919 | 2 |
| 广东 | 0.558 | 3 | 0.787 | 4 | 0.288 | 4 | 0.791 | 4 | 1.000 | 1 |
| 浙江 | 0.371 | 4 | 0.659 | 8 | 0.119 | 10 | 0.771 | 5 | 0.708 | 4 |
| 天津 | 0.347 | 5 | 0.435 | 17 | 0.432 | 3 | 0.292 | 15 | 0.167 | 13 |
| 江苏 | 0.326 | 6 | 0.613 | 9 | 0.173 | 6 | 0.765 | 6 | 0.414 | 5 |
| 福建 | 0.229 | 7 | 0.348 | 22 | 0.135 | 9 | 0.462 | 11 | 0.366 | 6 |
| 重庆 | 0.221 | 8 | 0.276 | 25 | 0.271 | 5 | 0.094 | 24 | 0.208 | 11 |
| 海南 | 0.199 | 9 | 0.806 | 3 | 0.137 | 7 | 0.000 | 31 | 0.291 | 7 |

续表

| 省份 | 综合环境 | | 政务环境 | | 金融环境 | | 创新环境 | | 基础设施环境 | |
|---|---|---|---|---|---|---|---|---|---|---|
| | 得分 | 排名 | 得分 | 排名 | 得分 | 排名 | 得分 | 排名 | 得分 | 排名 |
| 山东 | 0.194 | 10 | 0.743 | 5 | 0.084 | 11 | 0.523 | 9 | 0.165 | 14 |
| 辽宁 | 0.169 | 11 | 0.366 | 20 | 0.135 | 8 | 0.145 | 22 | 0.269 | 8 |
| 安徽 | 0.144 | 12 | 0.454 | 16 | 0.029 | 18 | 0.851 | 3 | 0.041 | 27 |
| 宁夏 | 0.130 | 13 | 0.513 | 13 | 0.015 | 28 | 0.374 | 13 | 0.233 | 10 |
| 湖北 | 0.107 | 14 | 0.302 | 23 | 0.036 | 15 | 0.563 | 8 | 0.076 | 23 |
| 河北 | 0.106 | 15 | 0.475 | 14 | 0.033 | 16 | 0.408 | 12 | 0.091 | 21 |
| 贵州 | 0.102 | 16 | 0.353 | 21 | 0.008 | 29 | 0.574 | 7 | 0.099 | 19 |
| 四川 | 0.102 | 17 | 0.429 | 18 | 0.021 | 21 | 0.161 | 21 | 0.244 | 9 |
| 云南 | 0.100 | 18 | 0.667 | 7 | 0.026 | 20 | 0.099 | 23 | 0.163 | 15 |
| 江西 | 0.097 | 19 | 0.372 | 19 | 0.045 | 13 | 0.490 | 10 | 0.022 | 29 |
| 河南 | 0.096 | 20 | 0.560 | 11 | 0.020 | 23 | 0.354 | 14 | 0.075 | 24 |
| 青海 | 0.094 | 21 | 0.549 | 12 | 0.015 | 27 | 0.215 | 17 | 0.154 | 17 |
| 吉林 | 0.087 | 22 | 0.566 | 10 | 0.026 | 19 | 0.085 | 27 | 0.155 | 16 |
| 陕西 | 0.082 | 23 | 0.287 | 24 | 0.031 | 17 | 0.209 | 18 | 0.170 | 12 |
| 内蒙古 | 0.058 | 24 | 0.458 | 15 | 0.019 | 24 | 0.082 | 28 | 0.096 | 20 |
| 新疆 | 0.055 | 25 | 0.235 | 26 | 0.041 | 14 | 0.092 | 25 | 0.113 | 18 |
| 西藏 | 0.044 | 26 | 0.673 | 6 | 0.001 | 30 | 0.088 | 26 | 0.000 | 31 |
| 广西 | 0.042 | 27 | 0.066 | 30 | 0.056 | 12 | 0.174 | 20 | 0.047 | 26 |
| 山西 | 0.041 | 28 | 0.234 | 27 | 0.018 | 26 | 0.177 | 19 | 0.068 | 25 |
| 黑龙江 | 0.020 | 29 | 0.157 | 29 | 0.020 | 22 | 0.010 | 30 | 0.091 | 22 |
| 湖南 | 0.013 | 30 | 0.000 | 31 | 0.018 | 25 | 0.244 | 16 | 0.009 | 30 |
| 甘肃 | 0.000 | 31 | 0.211 | 28 | 0.000 | 31 | 0.036 | 29 | 0.025 | 28 |

### 5.4.2　描述性统计

表5-3为考虑营商环境差异之后的所有变量的描述性统计，限定为2015～2018年的跨地区并购样本后，数据量减少到1411个。跨地区并购规模（PRICE）的均值为19.290，政策不确定性（CHANGE）的均值为0.300，与第4章的全样本结果类似，有30%的并购样本存在目

标地官员更替。营商政务环境差异（ZA）、营商金融环境差异（ZB）、营商创新环境差异（ZC）、营商综合环境差异（Z）的均值均小于0，表明在跨地区样本中目标地营商环境平均好于主并企业所在地的营商环境，企业跨地区并购倾向于将营商环境稍好一点的地区选为目标地。营商基础设施环境差异（ZD）的均值为0.010，表明在跨地区样本中目标地营商基础设施环境稍差于主并地的营商基础设施环境。其余控制变量的结果与第4章全样本类似，此处不再赘述。

**表5-3　描述性统计结果**

| 变量 | 样本量 | 均值 | 最小值 | 中位数 | 最大值 | 标准差 |
|---|---|---|---|---|---|---|
| PRICE | 1411 | 19.290 | 15.57 | 19.36 | 23.98 | 1.610 |
| CHANGE | 1411 | 0.300 | 0 | 0 | 1 | 0.460 |
| ZA | 1411 | -0.010 | -1 | -0.010 | 1 | 0.340 |
| ZB | 1411 | -0.040 | -0.990 | -0.010 | 0.990 | 0.540 |
| ZC | 1411 | -0.010 | -0.990 | -0.010 | 0.970 | 0.390 |
| ZD | 1411 | 0.010 | -1 | 0.010 | 1 | 0.530 |
| Z | 1411 | -0.030 | -1 | -0.010 | 0.980 | 0.490 |
| SIZE | 1411 | 22.22 | 19.11 | 21.96 | 26.16 | 1.330 |
| LEV | 1411 | 0.430 | 0.050 | 0.430 | 1.040 | 0.210 |
| GROW | 1411 | 0.310 | -0.730 | 0.200 | 1.610 | 0.460 |
| FCF | 1411 | 0.030 | -0.210 | 0.040 | 0.240 | 0.070 |
| ROA | 1411 | 0.050 | -0.160 | 0.040 | 0.220 | 0.050 |
| TARSIZE | 1411 | 2.080 | 0.060 | 0.500 | 25.88 | 4.700 |
| DUAL | 1411 | 1.670 | 1 | 2 | 2 | 0.470 |
| BOARD | 1411 | 8.380 | 4 | 9 | 17 | 1.630 |
| INDEP | 1411 | 0.380 | 0.290 | 0.360 | 0.710 | 0.050 |
| COMP | 1411 | 14.36 | 12.16 | 14.36 | 16.09 | 0.660 |
| AGE | 1411 | 48.95 | 29 | 49 | 73 | 6.350 |
| DEGREE | 1411 | 3.860 | 1 | 4 | 6 | 1.510 |
| GENDER | 1411 | 0.940 | 0 | 1 | 1 | 0.240 |
| TINV | 1411 | 0.610 | 0.240 | 0.640 | 1.140 | 0.280 |

续表

| 变量 | 样本量 | 均值 | 最小值 | 中位数 | 最大值 | 标准差 |
|---|---|---|---|---|---|---|
| TFSGDP | 1411 | 0. 450 | 0. 200 | 0. 500 | 0. 650 | 0. 130 |
| TFIS | 1411 | 0. 200 | 0. 120 | 0. 210 | 0. 430 | 0. 060 |
| AINV | 1411 | 0. 610 | 0. 240 | 0. 640 | 1. 140 | 0. 260 |
| AFSGDP | 1411 | 0. 470 | 0. 200 | 0. 500 | 0. 650 | 0. 120 |
| AFIS | 1411 | 0. 190 | 0. 120 | 0. 180 | 0. 410 | 0. 060 |

### 5. 4. 3　基准回归结果

表5－4为营商环境差异的调节作用的回归结果。政策不确定性（CHANGE）与跨地区并购规模（PRICE）的回归系数在加入各调节项后仍然显著为负，表明目标地政策不确定性对跨地区并购规模有明显的抑制作用，支持了假设1。

列（1）为营商政务环境差异调节作用的结果，政策不确定性与政务环境差异的交乘项（CHANGE × ZA）的回归系数为0. 429，通过了10%的显著性检验，表明营商政务环境差异削弱了政策不确定性对跨地区并购规模的负向影响，即主并地区相对目标地区政务环境差异越大，政策不确定性对跨地区并购规模的抑制作用越弱。主并企业所在地的政务环境越好，越能为主并企业提供应对目标地政策不确定性的信息和经验，帮助其降低跨地区并购过程中的风险。

列（2）为营商金融环境差异调节作用的结果，政策不确定性与金融环境差异的交乘项（CHANGE × ZB）的回归系数为0. 424，通过了5%的显著性检验，表明营商金融环境差异削弱了政策不确定性对跨地区并购规模的负向影响，即主并地区相对目标地区的金融环境差异越大，政策不确定性对跨地区并购规模的抑制作用越弱。主并地区金融环境越好，主并企业越能通过各种渠道获取资金支持，跨地区并购应对风险的能力越强。发育成熟的中介机构还能凭借强大的信息获取能力帮助主并企业在目标地政策不确定性时期准确评估目标企业，降低并购风险，从而提升主并企业大规模并购的意愿。

列（3）为营商创新环境差异调节作用的结果，政策不确定性与创新环境差异的交乘项（CHANGE × ZC）的回归系数为0. 209，未通过显著性检验，表明营商创新环境差异未能发挥对政策不确定性与跨地区并购规模关系的调节作用。前文指出主并企业所在地的创新环境越好，越能利用可能的知识和管理溢出获得新任官员的合法性，减少企业面临的政策风险。然而，由于人才、创新要素更易向发展水平更高的地区汇集，所以如果主并企业来源于创新环境更好的地区，那么并购后目标地区人才、创新要素容易外流，导致目标地区人才流失、经济发展动力丧失或陷入低端锁定的发展困境中，这种情况下的跨地区并购也难以获得新任官员的合法性。因此，综合来看创新环境差异的调节作用不明显。

列（4）为营商基础设施环境差异调节作用的结果，政策不确定性与基础设施环境差异的交乘项（CHANGE × ZD）的回归系数为 0.366，通过了 5% 的显著性检验，表明营商基础设施环境差异削弱了政策不确定性对跨地区并购规模的负向影响，即主并地区相对目标地区的基础设施环境差异越大，政策不确定性对跨地区并购规模的抑制作用越弱。主并地区更优的基础设施条件有助于主并企业及时对目标地政策风险提出解决方案，信息的通达性也有助于主并企业通过各种途径获取目标企业更为准确的信息，提高并购评估的准确性，降低并购风险。



列（5）为营商综合环境差异调节作用的结果，政策不确定性与营商综合环境差异的交乘项（CHANGE × Z）的回归系数为 0.451，通过了 5% 的显著性检验，表明营商综合环境差异削弱了政策不确定性对跨地区并购规模的负向影响，即主并地区相对目标地区的营商综合环境差异越大，政策不确定性对跨地区并购规模的抑制作用越弱。主并地区营商环境优势可以帮助主并企业获得目标地区新任官员的认可，降低并购审批风险，也可以帮助企业建立起信息优势，更好地对目标企业进行评估，最终通过降低政策不确定性引发的跨地区并购交易过程中的审批和评估风险发挥调节作用。

控制变量的结果与第 4 章基准回归结果类似，此处不再赘述。

表 5 – 4　　营商环境差异的调节作用回归结果

| | (1)<br>PRICE | (2)<br>PRICE | (3)<br>PRICE | (4)<br>PRICE | (5)<br>PRICE |
|---|---|---|---|---|---|
| CHANGE | −0.181 *<br>(−1.918) | −0.189 **<br>(−1.999) | −0.172 *<br>(−1.833) | −0.195 **<br>(−2.058) | −0.191 **<br>(−2.026) |

续表

| | (1)<br>PRICE | (2)<br>PRICE | (3)<br>PRICE | (4)<br>PRICE | (5)<br>PRICE |
|---|---|---|---|---|---|
| CHANGE × ZA | 0.429 *<br>(1.742) | | | | |
| ZA | −0.194<br>(−0.902) | | | | |
| CHANGE × ZB | | 0.424 **<br>(2.390) | | | |
| ZB | | −0.083<br>(−0.315) | | | |
| CHANGE × ZC | | | 0.209<br>(0.882) | | |
| ZC | | | −0.183<br>(−0.950) | | |
| CHANGE × ZD | | | | 0.366 **<br>(2.117) | |
| ZD | | | | −0.219<br>(−1.151) | |
| CHANGE × Z | | | | | 0.451 **<br>(2.333) |
| Z | | | | | −0.232<br>(−0.753) |
| SIZE | 0.089 **<br>(1.979) | 0.092 **<br>(2.044) | 0.090 **<br>(2.004) | 0.091 **<br>(2.019) | 0.092 **<br>(2.052) |
| LEV | −0.375<br>(−1.399) | −0.401<br>(−1.489) | −0.368<br>(−1.372) | −0.375<br>(−1.396) | −0.393<br>(−1.458) |
| GROW | 0.073<br>(0.732) | 0.081<br>(0.824) | 0.068<br>(0.682) | 0.075<br>(0.762) | 0.078<br>(0.793) |
| FCF | 1.348 **<br>(2.003) | 1.369 **<br>(2.033) | 1.345 **<br>(1.994) | 1.328 **<br>(1.978) | 1.359 **<br>(2.021) |

续表

| | (1)<br>PRICE | (2)<br>PRICE | (3)<br>PRICE | (4)<br>PRICE | (5)<br>PRICE |
|---|---|---|---|---|---|
| ROA | -4.081 ***<br>(-4.250) | -4.192 ***<br>(-4.338) | -4.002 ***<br>(-4.150) | -4.065 ***<br>(-4.222) | -4.154 ***<br>(-4.310) |
| TARSIZE | 0.021 ***<br>(3.409) | 0.021 ***<br>(3.418) | 0.021 ***<br>(3.459) | 0.021 ***<br>(3.415) | 0.021 ***<br>(3.423) |
| DUAL | -0.024<br>(-0.273) | -0.026<br>(-0.291) | -0.023<br>(-0.263) | -0.026<br>(-0.303) | -0.025<br>(-0.286) |
| BOARD | 0.048<br>(1.529) | 0.047<br>(1.522) | 0.048<br>(1.535) | 0.047<br>(1.513) | 0.048<br>(1.543) |
| INDEP | 0.176<br>(0.185) | 0.219<br>(0.230) | 0.175<br>(0.182) | 0.223<br>(0.233) | 0.251<br>(0.262) |
| COMP | -0.035<br>(-0.490) | -0.027<br>(-0.384) | -0.034<br>(-0.479) | -0.024<br>(-0.336) | -0.027<br>(-0.383) |
| AGE | -0.002<br>(-0.271) | -0.002<br>(-0.356) | -0.002<br>(-0.300) | -0.002<br>(-0.266) | -0.002<br>(-0.293) |
| DEGREE | -0.057 **<br>(-2.143) | -0.057 **<br>(-2.152) | -0.057 **<br>(-2.143) | -0.056 **<br>(-2.103) | -0.057 **<br>(-2.147) |
| GENDER | 0.146<br>(0.822) | 0.143<br>(0.804) | 0.146<br>(0.828) | 0.150<br>(0.848) | 0.145<br>(0.816) |
| TINV | -0.745 **<br>(-2.228) | -0.826 **<br>(-2.412) | -0.805 **<br>(-2.563) | -0.643 *<br>(-1.790) | -0.732 **<br>(-2.003) |
| TFSGDP | -0.457<br>(-0.677) | -0.412<br>(-0.502) | -0.149<br>(-0.198) | -0.408<br>(-0.606) | -0.220<br>(-0.275) |
| TFIS | -0.637<br>(-0.762) | -0.620<br>(-0.710) | -0.376<br>(-0.399) | -0.703<br>(-0.844) | -0.707<br>(-0.843) |
| AINV | -0.086<br>(-0.285) | -0.030<br>(-0.098) | -0.051<br>(-0.173) | -0.180<br>(-0.504) | -0.103<br>(-0.307) |
| AFSGDP | 0.169<br>(0.261) | 0.228<br>(0.279) | -0.038<br>(-0.052) | 0.131<br>(0.205) | 0.010<br>(0.012) |

续表

| | (1)<br>PRICE | (2)<br>PRICE | (3)<br>PRICE | (4)<br>PRICE | (5)<br>PRICE |
|---|---|---|---|---|---|
| AFIS | 0.155<br>(0.166) | 0.142<br>(0.150) | -0.098<br>(-0.094) | 0.185<br>(0.198) | 0.208<br>(0.222) |
| CONSTANT | 18.536 ***<br>(15.146) | 18.365 ***<br>(14.972) | 18.478 ***<br>(14.980) | 18.332 ***<br>(14.914) | 18.316 ***<br>(14.901) |
| N | 1411 | 1411 | 1411 | 1411 | 1411 |
| Adj_$R^2$ | 0.104 | 0.105 | 0.102 | 0.105 | 0.105 |
| F | 4.938 | 5.025 | 4.902 | 4.956 | 5.005 |

注：***，**，*分别表示1%、5%、10%显著性水平。

### 5.4.4　稳健性检验

本研究使用官员更替数量替代原本的政策不确定性变量进行稳健性检验。官员更替数量（NUM）变量与第 4 章定义一致，如果目标方所在地省委书记和省长都发生更替，取值为 2；若仅一人发生更替，取值为 1；若无人更替，取值为 0。表 5-5 为使用官员更替数量（NUM）替代政策不确定性（CHANGE）变量后的回归结果。官员更替数量（NUM）与跨地区并购规模（PRICE）的回归系数在加入各调节项后仍然显著为负，表明目标地官员更替数量越多，引发的政策不确定性越高，对跨地区并购规模的抑制作用越明显。官员更替数量（NUM）与各维度营商环境差异的交乘项的符号和显著性都与前文检验一致，表明营商环境差异发挥了对政策不确定性强度与跨地区并购规模之间的调节作用，原结论稳健。 

表 5-5　　营商环境差异调节作用的稳健性检验

| | (1)<br>PRICE | (2)<br>PRICE | (3)<br>PRICE | (4)<br>PRICE | (5)<br>PRICE |
|---|---|---|---|---|---|
| NUM | -0.135 **<br>(-2.448) | -0.133 **<br>(-2.434) | -0.121 **<br>(-2.230) | -0.137 **<br>(-2.493) | -0.137 **<br>(-2.509) |

续表

| | (1)<br>PRICE | (2)<br>PRICE | (3)<br>PRICE | (4)<br>PRICE | (5)<br>PRICE |
|---|---|---|---|---|---|
| NUM × ZA | 0. 301 **<br>(1. 975) | | | | |
| ZA | −0. 318<br>( −1. 303) | | | | |
| NUM × ZB | | 0. 262 **<br>(2. 564) | | | |
| ZB | | −0. 174<br>( −0. 656) | | | |
| NUM × ZC | | | 0. 169<br>(1. 214) | | |
| ZC | | | −0. 245<br>( −1. 232) | | |
| NUM × ZD | | | | 0. 228 **<br>(2. 180) | |
| ZD | | | | −0. 246<br>( −1. 269) | |
| NUM × Z | | | | | 0. 281 **<br>(2. 483) |
| Z | | | | | −0. 315<br>( −1. 011) |
| SIZE | 0. 097 **<br>(2. 140) | 0. 100 **<br>(2. 204) | 0. 097 **<br>(2. 141) | 0. 098 **<br>(2. 178) | 0. 100 **<br>(2. 224) |
| LEV | −0. 395<br>( −1. 466) | −0. 399<br>( −1. 479) | −0. 378<br>( −1. 409) | −0. 387<br>( −1. 441) | −0. 398<br>( −1. 474) |
| GROW | 0. 088<br>(0. 894) | 0. 101<br>(1. 027) | 0. 083<br>(0. 829) | 0. 097<br>(0. 985) | 0. 099<br>(1. 004) |

续表

| | (1)<br>PRICE | (2)<br>PRICE | (3)<br>PRICE | (4)<br>PRICE | (5)<br>PRICE |
|---|---|---|---|---|---|
| FCF | 1.410 **<br>(2.099) | 1.439 **<br>(2.136) | 1.395 **<br>(2.074) | 1.401 **<br>(2.093) | 1.432 **<br>(2.131) |
| ROA | −4.167 ***<br>(−4.328) | −4.181 ***<br>(−4.325) | −4.091 ***<br>(−4.220) | −4.150 ***<br>(−4.287) | −4.184 ***<br>(−4.327) |
| TARSIZE | 0.021 ***<br>(3.395) | 0.021 ***<br>(3.413) | 0.021 ***<br>(3.464) | 0.021 ***<br>(3.407) | 0.021 ***<br>(3.418) |
| DUAL | −0.024<br>(−0.279) | −0.031<br>(−0.348) | −0.026<br>(−0.300) | −0.029<br>(−0.326) | −0.029<br>(−0.333) |
| BOARD | 0.043<br>(1.385) | 0.042<br>(1.344) | 0.045<br>(1.453) | 0.041<br>(1.328) | 0.042<br>(1.354) |
| INDEP | 0.075<br>(0.079) | 0.065<br>(0.068) | 0.115<br>(0.120) | 0.074<br>(0.078) | 0.095<br>(0.099) |
| COMP | −0.037<br>(−0.517) | −0.033<br>(−0.466) | −0.037<br>(−0.520) | −0.027<br>(−0.379) | −0.031<br>(−0.443) |
| AGE | −0.002<br>(−0.347) | −0.002<br>(−0.386) | −0.002<br>(−0.374) | −0.002<br>(−0.358) | −0.002<br>(−0.357) |
| DEGREE | −0.057 **<br>(−2.167) | −0.058 **<br>(−2.179) | −0.057 **<br>(−2.159) | −0.058 **<br>(−2.172) | −0.058 **<br>(−2.183) |
| GENDER | 0.142<br>(0.797) | 0.133<br>(0.751) | 0.145<br>(0.817) | 0.143<br>(0.811) | 0.137<br>(0.772) |
| TINV | −0.784 **<br>(−2.393) | −0.866 **<br>(−2.546) | −0.835 ***<br>(−2.715) | −0.701 **<br>(−1.985) | −0.769 **<br>(−2.116) |
| TFSGDP | −0.477<br>(−0.706) | −0.429<br>(−0.527) | −0.171<br>(−0.229) | −0.501<br>(−0.743) | −0.278<br>(−0.347) |
| TFIS | −0.397<br>(−0.473) | −0.397<br>(−0.454) | −0.267<br>(−0.285) | −0.530<br>(−0.639) | −0.471<br>(−0.563) |
| AINV | −0.067<br>(−0.221) | 0.006<br>(0.018) | −0.009<br>(−0.030) | −0.105<br>(−0.294) | −0.060<br>(−0.177) |

续表

| | (1)<br>PRICE | (2)<br>PRICE | (3)<br>PRICE | (4)<br>PRICE | (5)<br>PRICE |
|---|---|---|---|---|---|
| AFSGDP | 0. 115<br>(0. 177) | 0. 081<br>(0. 099) | -0. 121<br>( -0. 164) | 0. 060<br>(0. 093) | -0. 112<br>( -0. 141) |
| AFIS | 0. 176<br>(0. 189) | 0. 183<br>(0. 193) | -0. 073<br>( -0. 070) | 0. 173<br>(0. 186) | 0. 215<br>(0. 231) |
| CONSTANT | 18. 556 ***<br>(15. 144) | 18. 482 ***<br>(15. 038) | 18. 514 ***<br>(15. 023) | 18. 449 ***<br>(14. 990) | 18. 424 ***<br>(14. 962) |
| N | 1411 | 1411 | 1411 | 1411 | 1411 |
| Adj_$R^2$ | 0. 105 | 0. 107 | 0. 104 | 0. 106 | 0. 107 |
| F | 5. 031 | 5. 104 | 5. 064 | 5. 056 | 5. 100 |

注：***，** 分别表示 1%、5% 显著性水平。



## 5.5 本章小结

本章研究了主并企业与目标企业所在地的营商环境差异对政策不确定性与跨地区并购规模关系的调节作用。首先从政务、金融、创新、基础设施四个维度构建我国大陆地区 31 个省（自治区、直辖市）营商环境评价指标体系，利用 2014 ~2018 年的数据对各地营商环境进行评价，并与 2015 ~2018 年的跨地区并购数据相匹配，得到跨地区并购中并购双方所在地的营商环境差异得分。实证检验发现，主并地区相对目标地区营商综合环境差异越大，政策不确定性对跨地区并购规模的抑制作用越弱。对四个维度的调节作用检验显示，主并地区相对目标地区的政务环境差异、金融环境差异和基础设施环境差异均会减弱政策不确定性对跨地区并购规模的负向影响，创新环境差异的调节影响不显著。稳健性检验使用官员更替数量替换了政策不确定性指标，结论保持一致。

# 第6章 政策不确定性与企业跨地区并购绩效

## 6.1 政策不确定性影响企业跨地区并购绩效的机理

### 6.1.1 政策不确定性影响跨地区并购绩效

并购双方能否获得收益是并购研究中最关心的问题。目标企业的收益主要来源于主并企业在交易过程中向其支付的金额与实际价值的差额，即并购溢价。尽管研究方法、样本等存在差异，但大量研究显示目标企业在并购中能获得显著的财富增长（Malatesta，1983；Datta et al.，1992）。与目标企业收益增长不同，主并企业能否获得收益却未得到统一的结论。哈斯帕拉夫和杰米森（Haspeslagh and Jemison，1991）指出，并购整合是并购价值创造的源泉，也是影响并购成败的关键。因此，本研究主要基于并购整合阶段探究目标地政策不确定性对主并企业跨地区并购绩效的影响。

当并购过渡到整合阶段时，并购交割完毕，但新的企业建立并不意味着并购成功，如何保持收购后的企业良好运转才是并购成功的关键。并购整合首先需要制定符合并购后企业发展且与集团战略相适应的发展规划，然后再考虑双方在人力、财务、文化、组织等方面如何有机统一。并购整合的效果一般通过收购后的目标企业后续经营反映出来。如果整合后的企业能源源不断为主并企业创造价值，那么在一定程度上说明并购是成功的。狭义的并购价值通常是指考虑企业成本与收益后的净值。当运营合并后的企业面临较高的成本时，并购绩效就难以保证。这些成本一般包括主并企业对合并企业监管治理的成本、合并企业的融资成本、合并企业用来维持政企关系的成本等。魏明海等（2013）指出信息披露是影响交易成本的重要因素。当合并后的企业与外界利益相关者存在信息不对称时，企业就面临较高的交易成本。

地区的政策稳定性是影响企业与利益相关者信息不对称的关键外部制度因素，制度环境中的不确定性会增加交易成本。目标地政策不确定性能显著增加合并后的企业与主并企业、政府、金融机构、供应商等之间的信息不对称程度，提升主并企业在整合过程中的一系列成本，进而降低主并企业的并购绩效，影响机制如图 6－1 所示。具体地，从监管治理成本、融资成本和非生产性成本三个方面分析目标地政策不确定性影响并购绩效的机制。



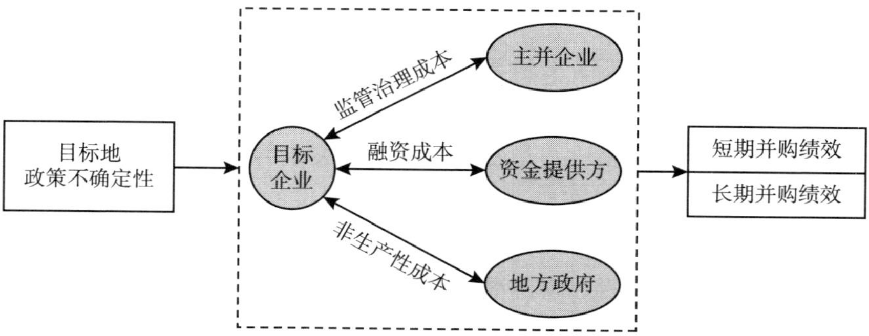


**图 6－1　政策不确定性影响企业跨地区并购绩效的机制**

（1）监管治理成本方面。

制定的整合方案是否与目标企业所在地的制度环境相匹配以及主并企业能否对合并后的企业有效监督管理是激发双方的协同效应、提高并购绩效的重要条件。本研究认为当目标企业所在地发生官员更替时，官员更替引发的地区政策不确定性使主并企业对并购后企业的治理和监管难度升级，导致企业管理成本以及目标企业管理层的代理成本升高，对企业绩效产生负面影响。政策不确定性影响企业管理成本和代理成本的机制可以从以下两个方面进行分析。

一方面，跨地区经营具有地理跨度，信息传递存在障碍、收集信息的成本很高，所以主并企业对目标地经营环境的认识往往存在局限，当目标地经历官员更替时，政策的不稳定性和不确定性更是加剧了目标地区环境的复杂性。在外部政策环境动荡的情况下，区域外企业难以准确掌握本地区的政策发展方向和政策执行的强度，主并企业制定整合方案以及长期发展规划时，很容易与当地制度环境脱节，可能不符合新上任官员为地区发展制定的规划方向，从而诱发合法性危机。宋渊洋和黄礼伟（2014）指出企业跨地区经营面临很高的制度成本。在整合过程中，主并企业为了整体战略协同选择对目标企业资源进行重新配置，很可能造成当地人才和稀缺资源流失。如果并购后企业的规划不能为地区经济发展效力、与新官员的利益诉求相悖，则会影响企业获得政府扶持。为了应对目标地区的政策不确定性，主并企业需要深入目标地区了解情况，反复与目标企业沟通，及时就突发情况做出正确的指导，在这个过程中，企业沟通和协调的成本明显增加。

另一方面，主并企业评价合并后企业经营业绩的途径一般是通过目标管理层提供的财务报表，而相比于报表这一类硬信息，产品在当地的口碑、企业与政府的关系、公司管理中存在的问题等软信息更能反映管理层的实际运营情况，由于软信息只能依靠实地考察或面对面沟通来取得，而主并企业派遣专门人员对目标企业进行监督管理的成本又较高，所以主并企业在跨地区并购中通常不能准确掌握目标企业管理层的实际情况。当目标地发生官员更替时，地区政策环境恶化，企业经营因外部环境不确定性出现波动。考虑到人都是有限理性且有机会主义动机的，在政策不确定时期，目标企业管理层有动机在经营中为个人谋利并将较差的经营状况归因为外部政策的不确定性。例如，签订并购协议时一个普遍的做法是让目标方签订业绩承诺，如果在规定年限内没有完成承诺业绩则需要向主并方的股东赔偿。潘爱玲等（2017）研究指出业绩补偿承诺会激励目标方管理层努力工作完成业绩。但在外部信息环境较差的情况下，为了减少损失，目标企业管理层可能在未审慎评估投资项目时肆意扩张来提升短期绩效，而即使投资失败也可以用外部环境较差来掩盖事实。此外，管理层还可以利用与政府官员重新建立关系的机会和理由提高个人的在职消费水平。有了地区政策不确定性这层“保护伞”，目标方管理层更容易隐藏侵害主并企业利益的行为，代理成本由此升高。

基于以上分析，目标地政策不确定性会使并购后企业的管理成本以及目标管理层的代理成本显著提升，损害主并企业的并购业绩。

（2）融资成本方面。

地方政府官员的治理目标通常需要地方企业帮助完成。在众多地区企业中，地方官员往往会挑选经营业绩好的龙头企业，而这些绩优的企业通常也容易成为区域外企业的并购目标。成为并购目标的企业会引发本地税源外流，因此会吸引新任官员更多的注意力。新任官员对本地税源外流的不满情绪会加重对目标企业行为的干预，导致目标企业付出更多政治成本。为了避免过多地向地方官员展示企业丰厚的资源基础、降低政府干预，目标企业在官员更替期有动机减少信息披露。陈等（Chen et al.，2018）研究发现，企业通过减少向投资者提供的信息数量和质量来应对政策不确定性。叶青等（2012）在研究富豪榜对会计信息质量影响时指出，富豪公司在上榜后会主动降低会计信息质量，通过非经常性损益项目操控利润，进行向下的盈余管理，以最大限度地减少公众关注带来的政治成本。目标企业在官员更替期会计信息质量明显下降，市场上有关目标企业的特质信息减少，资金提供方与企业的信息不对称程度增强，倾向于减少对企业的投资。郭琦和罗斌元（2013）研究发现融资约束较严重的公司提高会计信息质量有助于投资效率提升。



企业的资金来源方主要包括金融机构、市场的投资者以及上下游合作企业。从金融机构的角度，金融机构基于风险防控的目的需要仔细评估申请贷款的企业能否按时还款，而风险等级并不完全以企业的实际营收为依据。李四海等（2015）研究指出，我国以国有银行为主体的银行系统在一定程度上成为政府的行政附属品，银行在政府的授意下为一些企业提供贷款，即有政府支持的企业更容易获得贷款授信。当目标地区发生官员更替时，企业建立的政企关系断裂，失去政府背书的企业在银行的风险等级显著提升。加之，在政策不确定性时期，企业会计信息质量下降、披露的特质信息减少，银行无法获取足够的信息对企业准确评估，只能要求企业提供贷款担保或抵押，如果不能提供担保或抵押，则只能降低贷款额度、提高贷款利率。阿什拉夫和沈（Ashraf and Shen，2019）研究发现经济政策不确定性会增加借款人的违约风险，银行贷款价格随之升高。钱爱民和张晨宇（2016）指出政策不确定时企业信用借款比例降低、担保借款比例升高，而提高会计信息质量可以有效缓解政策不确定性对企业信用借款的负向影响。从投资者的角度，由于地区政策不确定性升高，投资者无法准确预估企业在未来一段时间内的发展态势，企业自身披露的会计信息又相对较少，保守的投资者会选择持币观望，延缓对企业的投资甚至暂时抽离资金。从上下游企业的角度，目标企业减少信息披露或进行向下的盈余管理无形中向合作方披露了企业在不确定性时期谨慎行事的信号，上下游企业有可能会作出企业未来经营出现危机的判断。出于风险规避的动机，上下游企业会减少对目标企业的商业信用供给。德梅洛和托斯卡诺（D'Mello and Toscano，2020）研究发现在经济政策不确定时期，企业的应付账款、应收账款明显下降。

基于以上分析，目标地政策不确定性使地区金融摩擦加剧，目标企业难以获得金融机构、机构投资者以及上下游企业提供的资金，融资成本显著上升，企业日常经营和投资活动受限，资源配置效率下降。因此从融资成本的角度来看，目标地政策不确定性不利于主并企业并购业绩的提升。



（3）非生产性成本方面。

资源依赖理论指出，企业需要从外部环境中获取赖以生存发展的资源。在中国特殊的制度背景下，一些特殊资源都掌握在政府手中，例如政府补助、土地征用、贷款授信、进入管制行业等（潘红波等，2008）。中国的行政和财政分权体制使地区官员之间长期存在政治锦标赛竞争（周黎安，2007）。在政治晋升激励下，地方官员在任期内会努力提高GDP、扩大投资规模降低地区失业率、增加基建项目以提升公共服务等，而这些目标通常需要通过地区内的企业来实现。政府利用其掌握的资源干预企业的投资活动。企业为了获取政府资源会选择主动与政府建立“关系”。政企关联有助于企业获得政策信息和特殊资源，是企业平稳发展的关键。然而在官员更替时期，前任官员的调离使目标企业与前任官员建立的紧密联系出现断裂。新官员与前任官员的异质性特征使得地区政策出现方向和执行的不确定性，目标企业无法再通过原来的政企关系了解政策的未来走向，企业盲目做出的投资决策可能不符合新官员的偏好，所以企业经营不确定性显著升高。徐业坤等（2013）研究发现，拥有人大代表、政协委员等政治身份的企业在政治不确定时期的政企关系需要重建，信贷资源优势会显著减弱，企业出于观望政策走向的目的会缩减投资支出。

由于地区政治生态改变，企业不得不考虑与新官员建立联系以重新获得政府支持，而建立联系的过程需要耗费大量精力，也需要企业付出大量非生产性成本。于文超和梁平汉（2019）指出民营企业在不确定性时期会通过非生产性活动重构政商关系。非生产性活动包括为残障人士提供工作岗位、组织开展关爱社会弱势群体的公益活动、资助公共基础设施建设、向福利事业单位捐款捐物、参与地区治安维稳工作、参与政府组织的回馈社会等各项活动。根据社会交换理论，企业要想获得政府提供的资源必须向政府提供其需要的东西作为交换以达到互惠的目的。降低地区失业率、提升地区公共服务水平、维持社会稳定是地方官员在任期内迫切需要实现的目标，目标地企业通过一系列非生产性活动向政府展现其积极履行社会责任、回馈社会、支持政府工作的良好形象，有利于其建立良好声誉并与新一届政府建立联系。李维安等（2015）研究发现民营企业会通过慈善捐赠与政府建立联系，从而在信贷市场通过政府的隐性背书获得债务融资。戴亦一等（2014）研究了政府换届期间企业的慈善捐赠行为，发现企业在政府换届期间慈善捐赠明显增多，同时获得的融资便利、政府补助和投资机会也明显增多，因此慈善捐赠更像是对新一届政府的“政治献金”。在目标地官员更替期，目标企业通过大量非生产活动获得新任主政官员的好感，有利于政商关系重建，企业建立与政府的稳定沟通渠道，可以及时就政策动向调整企业策略，降低政治风险、避免不必要的损失。同时企业可以通过非正式机制在重新洗牌后的地区资源分配中分一杯羹，获得准入资格、政府补贴、税收优惠、贷款授信等。



需要指出的是，非生产性活动意味着企业需要支出大量与生产活动无关的成本。由于组织开展公益活动、慈善捐赠等行为需要长期坚持才能逐步树立起良好形象，企业短期内不一定能获得政府资源。即使获取了政府提供的贷款、准入资格等，这些也只是辅助企业正常的生产经营活动，因此，短期内企业付出了大量人力、物力、财力等非生产性成本，企业正常的经营活动却难以保证取得好的结果，成本与收益不匹配。许小君（2013）认为企业为与政府搞好关系实施的政治战略短期难以见效，根本目的是获取长期竞争优势。

基于以上分析，在目标地官员更替后，目标企业重建政企联系需要付出非生产性成本，短期内成本远大于收益，因此无法取得良好的并购业绩。

综上所述，目标地官员更替引发的政策不确定性使主并企业与目标企业、资金提供方与目标企业、新任官员与目标企业的信息不对称程度明显升高，提升了主并企业对并购后企业的治理和监管难度，同时也提高了目标企业的融资成本和重建政企联系的非生产性成本。从短期绩效来看，并购预期成本增大，并购风险较高，资本市场上的投资者会给予负面的市场反应。从长期绩效来看，并购后整合阶段的各项成本增加不利于企业并购绩效的提升。由此提出假设10：

H10－1：目标地政策不确定性会降低主并企业的并购短期绩效；

H10－2：目标地政策不确定性会降低主并企业的并购长期绩效。

### 6.1.2　政策不确定性强度的影响



当进一步考虑目标地官员更替数量和官员是否正常换届时，目标地区同时更换的官员越多、官员换届时任期越短，地区政策不确定性强度越大。此时，主并企业更加难以摸清目标地区未来的政策走向，也就不能为目标企业制定合法性高的发展规划，沟通协调成本增加；目标管理者更有可能利用外部动荡的环境掩饰其个人的激进决策和自利行为，代理成本也明显增加。金融机构等更不可能在高度不确定性时期向信息透明度低的企业提供贷款支持，企业融资成本升高。省委书记和省长同时更替对目标企业原本的政企关系网络的破坏程度更大，目标企业为了重建政企关联付出的非生产性成本就更高。综合来看，政策不确定性强度越大，并购整合中付出的成本越高，投资者的短期市场反应越差、企业长期并购绩效越差。据此，提出假设11和假设12：

H11－1：目标地官员更替数量越多对主并企业并购短期绩效的抑制作用越大；

H11－2：目标地官员更替数量越多对主并企业并购长期绩效的抑制作用越大；

H12－1：目标地官员非正常换届对主并企业并购短期绩效的抑制

作用更大；

H12-2：目标地官员非正常换届对主并企业并购长期绩效的抑制作用更大。

## 6.2 政策不确定性、信息透明度与跨地区并购绩效

目标地官员更替使地区政策环境恶化，企业经营因外部环境不确定性出现波动，主并企业、资金提供方、供应商等处于信息劣势地位，无法获得有关企业的相对准确的信息。较差的监管环境和信息环境有助于管理者隐藏坏消息，目标管理者有动机减少特质信息的披露，隐藏企业实际经营较差的情况，因此企业本身信息透明度越低，在政策不确定性较强的情况下主并企业以及各外部利益相关者与企业的信息不对称程度越高，企业并购后监管治理成本、融资成本以及非生产性成本越高，并购绩效越差。



信息透明度高的企业，管理者隐藏坏消息的能力越弱（Kim and Zhang，2014），投资者有足够的信息判断企业经营情况和发展潜力，进而作出投资决策。分析师对企业的跟踪有利于提高企业信息透明度。分析师可以通过实地调研企业、与企业员工交流沟通来了解企业真实的生产经营状况（徐媛媛等，2015）。薛祖云和王冲（2011）指出分析师对企业信息的搜集、整理和传递有利于提高企业信息透明度，增强定价效率。陈等（Chen et al.，2015）指出分析师的信息优势能有效监督公司管理者的自利行为，降低代理成本。因此，在目标地政策不确定性较高时，分析师跟踪有利于提高并购后企业的信息透明度，降低主并企业、资金提供方以及政府与目标企业的信息不对称程度，降低监管治理成本、融资成本和非生产性成本，提高并购绩效。据此，提出假设13：

H13-1：相比于信息透明度高的企业，目标地政策不确定性对信息透明度低的企业跨地区并购短期绩效的抑制作用更为明显；

H13-2：相比于信息透明度高的企业，目标地政策不确定性对信息透明度低的企业跨地区并购长期绩效的抑制作用更为明显。

## 6.3　企业跨地区并购决策对并购绩效的中介影响

战略管理中制度基础观认为制度环境是影响企业战略决策的重要动因，而企业绩效是企业战略决策的结果（Peng，2002），因此企业战略决策在制度环境与企业绩效之间发挥中介作用。本书依据该研究逻辑，认为目标企业所在地的政策不确定性影响主并企业的跨地区并购规模决策，又进一步影响跨地区并购绩效，即跨地区并购规模发挥一定的中介作用，如图 6－2 所示。

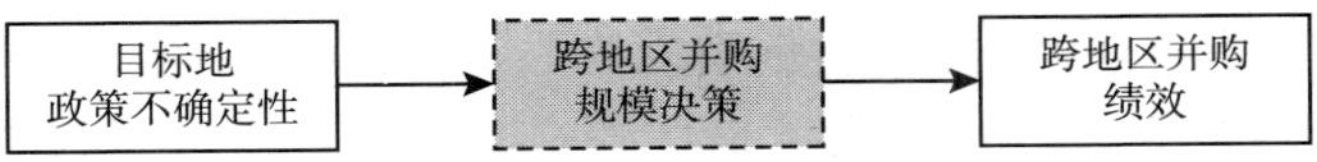


**图 6－2　跨地区并购规模决策的中介效应**

由第 4 章的分析可知，目标方所在地的政策不确定性主要在并购交易阶段，通过竞争保护机制、低效评估机制和弱势谈判机制降低目标企业被区域外企业收购的可能性，主并企业倾向于在目标地官员更替时期缩减并购规模以应对不确定性风险。前文分析指出目标地政策不确定性通过增大目标企业与各利益相关者的信息不对称，提高并购整合过程中的一系列成本来影响并购绩效，表明目标企业政策不确定性确实能对跨地区并购绩效产生影响。图 6－2 中所示目标地政策不确定性对跨地区并购规模决策的影响以及跨地区并购绩效的影响均已厘清，下面主要对跨地区并购规模影响跨地区并购绩效的机理进行阐释。

本书所指的跨地区并购规模是主并企业在交易过程中最终确定的支付给目标方股东的购买价格，通常该价格与目标企业评估后的价值、目标企业给主并企业带来的预期收益、收购比例等因素有关。李善民等（2004）指出并购交易价格与主并企业预期获得的并购收益有关，实证结果显示并购价格与并购后的绩效显著正相关。本书认为跨地区并购规模越大，越能激发主并企业的管理意愿，越有助于主并企业获得规模效应和协同效应，有助于并购绩效提升，具体而言：

第一，跨地区并购规模越大，主并企业收购的目标资产越多，越有助于主并企业取得规模经济效应和市场实力。规模经济效应是指随着生产规模的扩大而导致的长期平均成本下降的现象。规模经济效应通常在横向并购中更为显著，因为并购双方所处行业相同、产品相似，技术、人才、设备等可以通用，主并企业收购的规模越大，可支配的生产要素就越多，越可以通过专业化的分工、知识和技术的溢出提高较弱一方的生产效率，降低单位产品成本，增强产品市场竞争力。随着规模扩大，产品原料采购、销售都形成规模，企业逐渐建立起强有力的市场地位。于成永等（2013）指出企业无论是横向并购、纵向并购还是混合并购都有助于获取垄断势力。市场实力的提升可以增强企业的话语权，企业在采购和销售时讨价还价能力显著提升，可以低价拿到生产资料，在销售时也可以保证产品利润。并购规模的扩大降低了企业的单位成本，提高了企业的市场地位，增强了企业的产品竞争力，有助于提升并购绩效。



第二，跨地区并购规模越大，目标资产对主并企业的相对重要性就越高，主并企业越有动机参与目标方管理，提高目标企业运营效率。并购进入整合阶段后，主并企业通常会选择向目标企业管理层派驻人员以执行整合计划、参与目标方决策以及公司治理。派驻人员的多少、人员的专业性以及在目标管理层中的地位都与主并企业对目标资产的重视程度有关。跨地区并购规模越大，代表主并企业在并购交易过程中支付给目标方的价款越高。主并企业付出的资金成本越大就越期待目标企业的并入带来高回报，在交易过程中就越有可能要求目标方管理者签订业绩补偿承诺。主并企业派驻人员可以深入企业内部参与公司治理，积极监督目标企业管理者，防止其在投资决策中消极懈怠，提升其工作积极性。有效的监督还能降低目标企业管理者的机会主义行为，减少代理成本。目标管理者努力工作可以提高其完成承诺业绩的可能性，而业绩承诺的按时完成或超额完成都会带来较好的市场反应，有利于并购绩效提升。

第三，并购规模与收购比例有较强的相关性，较大的收购比例通常意味着主并企业选择较大程度地控制目标企业，控制权越高越能掌握目标企业决策的话语权，越有利于提升并购整合效果。并购整合涉及战略、组织结构、财务、人力、文化等多个方面，需要目标企业积极与主并企业派出的整合团队配合，将目标企业的发展统一到整个集团公司的战略规划上来。但在实际整合的过程中，目标企业管理层对集团为其制定的发展战略在理解上难免有出入，在具体整合的过程中也不可能完全从集团的角度思考问题，整合效果就会大打折扣。当主并企业并购规模越大，收购比例相对较高时，主并企业对目标企业的经营管理话语权就越大。主并企业可以通过委派工作能力强的董事、监事或推荐有整合经验和管理经验的关键人员参与目标方经营决策，目标企业在经营过程中偏离集团公司战略规划的可能性就大大降低，越有可能与主并企业产生协同效应，提升并购绩效。

综上所述，跨地区并购规模越大，主并企业参与目标企业经营管理的动机就越强，越有利于降低目标企业管理层机会主义倾向，提高整合效果，产生规模经济效应和协同效应，最终提升并购长期绩效。规模越大，向资本市场上释放的利好信号越强，越容易引发乐观的投资者预期，短期市场反应越好。据此，本研究认为跨地区并购规模越大越有可能提升并购绩效，再结合前文的分析，提出假设14：

H14-1：跨地区并购规模在政策不确定性与并购短期绩效之间发挥中介作用；

H14-2：跨地区并购规模在政策不确定性与并购长期绩效之间发挥中介作用。



## 6.4　研究设计

### 6.4.1　样本选择与数据来源

本部分使用的并购样本的筛选过程与第4章一致，最终保留了3203个跨地区并购样本。地方官员更替数据来自人民网、新华网等；地区数据来自中经网统计数据库和《中国统计年鉴》。并购绩效数据和企业特征数据部分来自国泰安数据库和上市企业公开披露的年度财务报告及并购事件公告。连续变量进行了缩尾处理。

### 6.4.2 变量定义

（1）短期绩效（CAR）。

本书以企业跨地区并购事件首次公告日前后的股票累积超常收益率表示企业的短期绩效，使用事件研究法计算该指标。事件研究法是并购绩效实证研究中的主流方法（李青原，2007）。本研究中事件研究法用来评估跨地区并购事件的发生是否会对企业的股票价格产生影响，其基本原理为用事件发生时的实际收益率减去利用估计期估计的正常收益率得到超常收益率。具体计算步骤如下。

第一步，指定事件窗口和估计窗口。事件窗口为事件发生时的时期，考虑到并购消息可能会提前泄露，所以通常事件窗口会包括事件发生前的若干天，本研究将并购首次公告日前后一天［-1，+1］定义为事件窗口。估计期为并购事件发生之前的一段时间，用来估计事件窗口的正常收益率，本研究将首次公告日前210天至11天定义为估计窗口［-210，-11］。



第二步，估计正常收益率。本研究使用市场模型（6-1）估计企业股票的正常收益率，其中，$R_{it}$和$R_{mt}$分别表示i企业股票和市场组合在第t日的回报率，市场组合的回报率$R_{mt}$使用国泰安数据库中“考虑现金红利再投资的综合日市场回报率（等权平均法）”指标替代。

$$R_{it} = \alpha_i + \beta_i R_{mt} + \varepsilon_{it} \tag{6-1}$$

第三步，估计超常收益率和累计超常收益率。超常收益率为上市公司i在t期的实际收益率与估计出的正常收益率之差，累计超常收益率为公司i在事件窗口［-1，+1］3天的超常收益率之和，计算模型如（6-2）和模型（6-3）所示。

$$\begin{aligned} AR_{it} &= R_{it(event)} - E[R_{it(event)}] \\ &= R_{it(event)} - (\hat{\alpha}_i + \hat{\beta}_i R_{mt(event)}) \end{aligned} \tag{6-2}$$

$$CAR = \sum AR_{i,t} \tag{6-3}$$

（2）长期绩效（ΔROA）。

会计指标通常用来检验并购的中长期绩效，通过对比考察并购前后会计指标的变化来判断并购是否创造价值。本研究以企业跨地区并购后一年的总资产回报率与并购前一年的总资产回报率之差表示企业的长期并购绩效。

其余变量定义与第4章保持一致。

### 6.4.3　模型设计

本章采用OLS回归模型检验政策不确定性对跨地区并购绩效的影响，模型设计如模型（6－4）所示。跨地区并购规模的中介效应检验借鉴温忠麟等（2004）的步骤，使用模型（6－4）、模型（6－5）、模型（6－6）检验。

$$PERFORMANCE(CAR,\ \Delta ROA)_{i,t}=\alpha_0+\alpha_1 CHANGE_{i,t}+\beta X_{i,t-1}+\varepsilon_{i,t} \tag{6-4}$$

$$PRICE_{i,t}=\varphi_0+\varphi_1 CHANGE_{i,t}+\beta X_{i,t-1}+\varepsilon_{i,t} \tag{6-5}$$

$$PERFORMANCE(CAR,\ \Delta ROA)_{i,t}=\theta_0+\theta_1 CHANGE_{i,t}+\theta_2 PRICE_{i,t}+\beta X_{i,t-1}+\varepsilon_{i,t} \tag{6-6}$$

中介效应的检验步骤为：在模型（6－4）CHANGE系数$\alpha_1$显著的情况下，进行模型（6－5）、模型（6－6）的回归，如果$\varphi_1$和$\theta_2$都显著，则证明中介效应存在，如果$\theta_2$显著而$\theta_1$不显著则说明是完全中介效应，否则是部分中介效应。

PERFORMANCE为并购绩效，包含短期绩效CAR和长期绩效ΔROA两个变量。考虑到不同因素间的影响存在时滞以及克服内生性的影响，企业层面、治理层面和地区层面控制变量取滞后一期数据，其余变量取当期数据。

## 6.5　实证结果与分析

### 6.5.1　描述性统计

表6－1为描述性统计结果。短期并购绩效（CAR）的均值为0.020，表示整体来看跨地区并购短期市场预期较好。并购长期绩效（ΔROA）的均值为－0.010，表明跨地区并购整合效果欠佳，长期绩效

较差。其余各变量的描述性统计结果与第4章一致，此处不再赘述。

表6-1　　　　描述性统计结果

| 变量 | 样本量 | 均值 | 最小值 | 中位数 | 最大值 | 标准差 |
|---|---|---|---|---|---|---|
| CAR | 1919 | 0.020 | -0.280 | 0.010 | 0.290 | 0.060 |
| ΔROA | 3203 | -0.010 | -0.570 | -0.010 | 0.360 | 0.080 |
| CHANGE | 3203 | 0.270 | 0 | 0 | 1 | 0.440 |
| NUM | 3203 | 0.600 | 0 | 0 | 2 | 0.760 |
| ABNORMAL | 3203 | 0.260 | 0 | 0 | 1 | 0.440 |
| SIZE | 3203 | 22.05 | 19.11 | 21.83 | 26.16 | 1.370 |
| LEV | 3203 | 0.440 | 0.050 | 0.440 | 1.040 | 0.210 |
| GROW | 3203 | 0.250 | -0.730 | 0.160 | 1.620 | 0.430 |
| FCF | 3203 | 0.040 | -0.210 | 0.040 | 0.240 | 0.070 |
| ROA | 3203 | 0.050 | -0.160 | 0.040 | 0.220 | 0.050 |
| TARSIZE | 3203 | 4.020 | 0.060 | 0.610 | 25.88 | 7.650 |
| DUAL | 3203 | 1.720 | 1 | 2 | 2 | 0.450 |
| BOARD | 3203 | 8.650 | 4 | 9 | 17 | 1.770 |
| INDEP | 3203 | 0.370 | 0.170 | 0.330 | 0.710 | 0.050 |
| COMP | 3203 | 14.17 | 12.10 | 14.18 | 16.09 | 0.740 |
| AGE | 3203 | 48.24 | 29 | 48 | 74 | 6.350 |
| DEGREE | 3203 | 3.810 | 1 | 4 | 6 | 1.540 |
| GENDER | 3203 | 0.940 | 0 | 1 | 1 | 0.240 |
| TINV | 3203 | 0.610 | 0.240 | 0.630 | 1.140 | 0.250 |
| TFSGDP | 3203 | 0.510 | 0.200 | 0.540 | 0.690 | 0.140 |
| TFIS | 3203 | 0.190 | 0.090 | 0.190 | 0.430 | 0.060 |
| AINV | 3203 | 0.600 | 0.240 | 0.610 | 1.140 | 0.240 |
| AFSGDP | 3203 | 0.500 | 0.200 | 0.540 | 0.680 | 0.130 |
| AFIS | 3203 | 0.190 | 0.100 | 0.180 | 0.410 | 0.060 |



### 6.5.2　相关性分析

表6-2为本章主要变量相关性分析结果。政策不确定性（CHANGE）

与跨地区并购短期绩效（CAR）的相关系数以及与跨地区并购长期绩效（ΔROA）的相关系数均为负，表明政策不确定性会降低跨地区并购绩效。官员更替数量（NUM）、官员非正常换届（ABNORMAL）与跨地区并购短期绩效（CAR）的相关系数以及与跨地区并购长期绩效（ΔROA）的相关系数也均显著为负，表明目标地官员更替数量越多、官员非正常更替引发的政策不确定性强度越大，越会降低企业跨地区并购绩效。主并企业规模（SIZE）与跨地区并购长短期绩效（CAR、ΔROA）的相关系数都显著为负，说明规模越大的企业发起的跨地区并购往往不能提升股东价值，这与此类企业通常代理问题更为严重、挑选的并购目标并不能真正与企业实现协同有关。

表6-2　　　　主要变量相关性分析结果

| | CAR | ΔROA | CHANGE | NUM | ABNORMAL | SIZE | LEV | DUAL |
|---|---|---|---|---|---|---|---|---|
| CAR | 1 | | | | | | | |
| ΔROA | 0.040* | 1 | | | | | | |
| CHANGE | -0.037 | -0.066*** | 1 | | | | | |
| NUM | -0.049** | -0.092*** | 0.825*** | 1 | | | | |
| ABNORMAL | -0.041* | -0.066*** | 0.985*** | 0.824*** | 1 | | | |
| SIZE | -0.065*** | -0.052*** | 0.033* | 0.052*** | 0.039** | 1 | | |
| LEV | -0.023 | 0.093*** | 0.006 | 0.025 | 0.008 | 0.476*** | 1 | |
| DUAL | 0.005 | 0.053*** | 0.025 | 0.015 | 0.028 | 0.122*** | 0.156*** | 1 |

注：***，**，*分别表示1%、5%、10%显著性水平。

### 6.5.3 基准回归结果

表6-3列（1）、列（2）为政策不确定性影响跨地区并购短期绩效的回归结果。从短期并购绩效回归结果来看，在列（1）未添加控制变量时，政策不确定性（CHANGE）与跨地区并购短期绩效（CAR）的回归系数显著为负，添加控制变量后，列（2）结果显示二者回归系数仍显著为负，表明目标地政策不确定性对跨地区并购短期绩效有负向影响。目标地政策不确定性会增加主并企业与目标企业、资金提供方与目标企业、新任官员与目标企业的信息不对称程度，增加企业并购风

险，降低预期收益，因此会引发负面的短期市场反应。

表6－3列（3）、列（4）为政策不确定性影响跨地区并购长期绩效的回归结果。从长期并购绩效回归结果来看，在列（3）未添加控制变量时，政策不确定性（CHANGE）与跨地区并购长期绩效（ΔROA）的回归系数显著为负，添加控制变量后，列（4）结果显示二者回归系数仍显著为负，表明目标地政策不确定性对跨地区并购长期绩效有负向影响。目标地政策不确定性提升了主并企业对并购后企业的治理和监管难度，同时也提高了目标企业的融资成本和重建政企联系的非生产性成本，对长期绩效有负面影响。



**表6－3　　政策不确定性影响跨地区并购绩效的回归结果**

| | (1)<br>CAR | (2)<br>CAR | (3)<br>ΔROA | (4)<br>ΔROA |
|---|---|---|---|---|
| CHANGE | －0.005*<br>(－1.652) | －0.004*<br>(－1.913) | －0.011**<br>(－2.059) | －0.010**<br>(－2.108) |
| SIZE | | －0.003*<br>(－1.772) | | －0.002<br>(－1.181) |
| LEV | | 0.001<br>(0.174) | | －0.017*<br>(－1.726) |
| GROW | | 0.004**<br>(2.425) | | －0.003<br>(－0.745) |
| FCF | | －0.046<br>(－1.410) | | 0.095***<br>(4.010) |
| ROA | | 0.044<br>(1.084) | | －0.658***<br>(－17.362) |
| TARSIZE | | 0.000<br>(0.361) | | －0.000<br>(－1.371) |
| DUAL | | 0.002<br>(0.653) | | 0.008*<br>(1.934) |
| BOARD | | 0.002<br>(1.203) | | －0.001***<br>(－2.853) |

续表

| | (1)<br>CAR | (2)<br>CAR | (3)<br>ΔROA | (4)<br>ΔROA |
|---|---|---|---|---|
| INDEP | | -0.004<br>(-0.149) | | -0.046***<br>(-2.591) |
| COMP | | -0.003<br>(-0.697) | | -0.000<br>(-0.105) |
| AGE | | 0.000*<br>(1.731) | | 0.000<br>(1.152) |
| DEGREE | | 0.000<br>(0.060) | | -0.001<br>(-0.532) |
| GENDER | | 0.011***<br>(3.211) | | 0.007<br>(0.683) |
| TINV | | 0.003<br>(0.203) | | -0.017***<br>(-2.668) |
| TFSGDP | | -0.026<br>(-0.938) | | 0.039<br>(1.142) |
| TFIS | | -0.004<br>(-0.117) | | -0.012<br>(-0.365) |
| AINV | | -0.008<br>(-0.481) | | 0.004<br>(0.382) |
| AFSGDP | | 0.026<br>(1.044) | | -0.000<br>(-0.011) |
| AFIS | | -0.005<br>(-0.112) | | -0.043*<br>(-1.706) |
| CONSTANT | 0.018***<br>(6.379) | 0.081<br>(1.192) | -0.011**<br>(-2.021) | 0.062<br>(0.656) |
| N | 1919 | 1919 | 3203 | 3203 |
| $Adj\_R^2$ | 0.001 | 0.008 | 0.004 | 0.198 |
| F | 2.426 | 1.786 | 8.106 | 22.11 |

注：***，**，*分别表示1%、5%、10%显著性水平，列（1）、列（2）样本量减少为 CAR 存在缺失值所致。

### 6.5.4 政策不确定性强度影响的回归结果

表6-4为政策不确定性强度影响跨地区并购绩效的回归结果。列(1)、列(2)为考虑官员更替数量(NUM)的影响,目标地官员更替越多,引发的政策不确定性强度越大,越会强化投资者对并购交易的悲观情绪,降低短期并购绩效。目标地官员更替越多,主并企业需要付出更多成本来应对政策不确定性,最终导致并购长期绩效下降。列(3)、列(4)为考虑官员非正常换届(ABNORMAL)的影响,如果官员在较短时间内出现更替,对地区的政策冲击较大,投资者难以准确判断政策的变化以及对企业的影响,会增大各利益相关者与企业之间的信息不对称,增加企业运营成本,不利于并购绩效提升。

**表6-4 政策不确定性强度影响跨地区并购绩效的回归结果**



| | (1)<br>CAR | (2)<br>ΔROA | (3)<br>CAR | (4)<br>ΔROA |
|---|---|---|---|---|
| NUM | -0.004*<br>(-1.876) | -0.008*<br>(-1.850) | | |
| ABNORMAL | | | -0.005**<br>(-2.080) | -0.010**<br>(-2.067) |
| SIZE | -0.003**<br>(-2.091) | -0.002<br>(-1.160) | -0.003*<br>(-1.777) | -0.002<br>(-1.177) |
| LEV | 0.001<br>(0.139) | -0.016*<br>(-1.657) | 0.001<br>(0.176) | -0.017*<br>(-1.729) |
| GROW | 0.004<br>(1.270) | -0.002<br>(-0.631) | 0.004**<br>(2.487) | -0.003<br>(-0.744) |
| FCF | -0.045*<br>(-1.942) | 0.097***<br>(4.333) | -0.045<br>(-1.388) | 0.095***<br>(4.049) |
| ROA | 0.042<br>(1.314) | -0.660***<br>(-16.896) | 0.043<br>(1.073) | -0.659***<br>(-17.392) |

续表

| | (1)<br>CAR | (2)<br>ΔROA | (3)<br>CAR | (4)<br>ΔROA |
|---|---|---|---|---|
| TARSIZE | 0.000<br>(0.385) | −0.000<br>(−1.430) | 0.000<br>(0.361) | −0.000<br>(−1.364) |
| DUAL | 0.002<br>(0.753) | 0.008*<br>(1.895) | 0.002<br>(0.664) | 0.008*<br>(1.934) |
| BOARD | 0.002**<br>(1.992) | −0.001<br>(−0.000) | 0.002<br>(1.199) | −0.001***<br>(−2.877) |
| INDEP | −0.005<br>(−0.151) | −0.050***<br>(−3.094) | −0.004<br>(−0.158) | −0.046***<br>(−2.597) |
| COMP | −0.003<br>(−1.440) | −0.000<br>(−0.067) | −0.003<br>(−0.695) | −0.000<br>(−0.107) |
| AGE | 0.000**<br>(2.276) | 0.000<br>(1.200) | 0.000*<br>(1.741) | 0.000<br>(1.150) |
| DEGREE | 0.000<br>(0.131) | −0.000<br>(−0.471) | 0.000<br>(0.058) | −0.001<br>(−0.532) |
| GENDER | 0.010**<br>(2.496) | 0.006<br>(0.635) | 0.011***<br>(3.211) | 0.007<br>(0.676) |
| TINV | 0.003<br>(0.354) | −0.016**<br>(−2.493) | 0.003<br>(0.203) | −0.017***<br>(−2.739) |
| TFSGDP | −0.027<br>(−1.477) | 0.035<br>(1.107) | −0.026<br>(−0.947) | 0.039<br>(1.139) |
| TFIS | −0.003<br>(−0.115) | −0.009<br>(−0.309) | −0.004<br>(−0.114) | −0.012<br>(−0.355) |
| AINV | −0.008<br>(−0.821) | 0.004<br>(0.532) | −0.008<br>(−0.488) | 0.004<br>(0.392) |
| AFSGDP | 0.026<br>(1.352) | −0.002<br>(−0.068) | 0.026<br>(1.054) | −0.000<br>(−0.012) |

续表

| | (1)<br>CAR | (2)<br>ΔROA | (3)<br>CAR | (4)<br>ΔROA |
|---|---|---|---|---|
| AFIS | -0.004<br>(-0.160) | -0.042*<br>(-1.716) | -0.004<br>(-0.105) | -0.043*<br>(-1.713) |
| CONSTANT | 0.080**<br>(2.080) | 0.064<br>(0.718) | 0.080<br>(1.191) | 0.061<br>(0.655) |
| N | 1919 | 3203 | 1919 | 3203 |
| $Adj\_R^2$ | 0.009 | 0.202 | 0.009 | 0.198 |
| F | 2.111 | 21.83 | 1.827 | 22.13 |

注：***，**，*分别表示1%、5%、10%显著性水平。

### 6.5.5 信息透明度影响的回归结果



表6-5为信息透明度影响的检验结果。本研究以主并企业分析师跟踪数量的多少表示企业的透明度，分析师是具备专业跟踪、分析、处理企业信息能力的主体，发挥信息媒介的作用（赵静等，2018）。当分析师跟踪数量较多时，表明企业信息透明度较高，反之表示信息透明度较低。由于并购后目标企业成为主并企业的重要组成部分，因此分析师也会对目标资产的重大事件进行关注，适时披露目标企业运营过程中的相关信息。

以分析师跟踪数量的中位数将样本分为两组，分别回归检验。列（1）、列（2）是被解释变量为并购短期绩效的回归结果，政策不确定性（CHANGE）与跨地区并购短期绩效（CAR）的回归系数在分析师跟踪少的样本中显著为负，在分析师跟踪多的样本中不显著，说明企业信息透明度越低，在跨地区并购中遭遇目标地官员更替时越容易取得较差的并购市场反应。列（3）、列（4）是被解释变量为并购长期绩效的回归结果，政策不确定性（CHANGE）与跨地区并购长期绩效（ΔROA）的回归系数在两组样本中都显著为负，但在分析师跟踪少的样本中系数更大，且两组系数差异通过了Chow检验，说明企业信息透明度越低，在跨地区并购中遭遇目标地官员更替时越容易取得较差的长期并购绩效。分析师跟踪越多的企业披露的特质信息越多，投资者以及各利益相关者更容易获取企业的相关信息，在目标地区政策不确定时期也能判断企业的经营情况，给予相应的资源支持，企业融资成本较低。由于分析师跟踪较多，对并购后目标企业也会予以关注，企业监督治理成本也相应降低。并购后企业成本降低，有利于获得较好的并购绩效。

**表6-5　信息透明度影响的检验结果**

| | (1)<br>分析师跟踪多<br>CAR | (2)<br>分析师跟踪少<br>CAR | (3)<br>分析师跟踪多<br>ΔROA | (4)<br>分析师跟踪少<br>ΔROA |
|---|---|---|---|---|
| CHANGE | -0.004<br>(-0.681) | -0.007**<br>(-2.469) | -0.014*<br>(-1.669) | -0.021**<br>(-2.062) |
| SIZE | -0.001<br>(-0.735) | -0.004<br>(-1.576) | -0.004<br>(-1.018) | 0.000<br>(0.023) |
| LEV | -0.006<br>(-1.133) | 0.003<br>(0.181) | -0.053*<br>(-1.689) | -0.138***<br>(-4.991) |
| GROW | 0.007*<br>(1.712) | 0.000<br>(0.161) | 0.019**<br>(2.061) | -0.023**<br>(-2.342) |
| FCF | 0.004<br>(0.104) | -0.079*<br>(-1.791) | 0.152**<br>(2.218) | 0.169**<br>(2.265) |
| ROA | 0.028<br>(0.682) | 0.068<br>(0.939) | -1.075***<br>(-10.381) | -1.333***<br>(-11.042) |
| TARSIZE | 0.000<br>(0.375) | -0.000<br>(-0.180) | -0.000<br>(-1.490) | -0.000<br>(-1.334) |
| DUAL | -0.008**<br>(-2.431) | 0.010<br>(1.489) | 0.025**<br>(2.370) | 0.003<br>(0.317) |
| BOARD | 0.005**<br>(2.486) | -0.002<br>(-1.574) | 0.003<br>(1.559) | -0.002<br>(-0.650) |
| INDEP | 0.052**<br>(2.151) | -0.109**<br>(-2.334) | 0.008<br>(0.116) | -0.216**<br>(-2.155) |
| COMP | -0.010**<br>(-2.005) | 0.004<br>(0.977) | -0.003<br>(-0.448) | -0.005<br>(-0.843) |

续表

| | (1)<br>分析师跟踪多<br>CAR | (2)<br>分析师跟踪少<br>CAR | (3)<br>分析师跟踪多<br>ΔROA | (4)<br>分析师跟踪少<br>ΔROA |
|---|---|---|---|---|
| AGE | 0.001 *<br>(1.885) | 0.000<br>(0.575) | -0.000<br>(-0.068) | 0.002 ***<br>(3.691) |
| DEGREE | -0.003 *<br>(-1.834) | 0.002<br>(1.371) | 0.001<br>(0.359) | 0.001<br>(0.245) |
| GENDER | 0.006<br>(0.893) | 0.016 ***<br>(2.680) | -0.027 **<br>(-2.515) | 0.064 ***<br>(2.639) |
| TINV | -0.002<br>(-0.122) | 0.008<br>(0.504) | -0.034<br>(-1.301) | -0.065 **<br>(-2.132) |
| TFSGDP | -0.009<br>(-0.249) | -0.038 *<br>(-1.942) | 0.061<br>(1.190) | 0.184 ***<br>(3.687) |
| TFIS | 0.095 *<br>(1.928) | -0.076<br>(-1.446) | 0.010<br>(0.131) | 0.089<br>(1.203) |
| AINV | 0.001<br>(0.054) | -0.010<br>(-0.506) | 0.060 **<br>(2.081) | -0.063 **<br>(-2.077) |
| AFSGDP | 0.030<br>(0.917) | 0.006<br>(0.210) | -0.104 **<br>(-2.338) | 0.129 ***<br>(2.930) |
| AFIS | -0.014<br>(-0.284) | -0.017<br>(-0.254) | -0.239 ***<br>(-3.088) | 0.180 **<br>(2.288) |
| CONSTANT | 0.083<br>(1.249) | 0.097<br>(1.285) | 0.194<br>(1.638) | -0.056<br>(-0.461) |
| Chow Test | | | F = 3.96<br>(P = 0.008) | |
| P = | 956 | 963 | 1529 | 1647 |
| Adj_$R^2$ | 0.036 | 0.024 | 0.140 | 0.157 |
| F | 1.473 | 2.830 | 9.594 | 10.03 |

注：***，**，*分别表示1%、5%、10%显著性水平。

### 6.5.6 并购规模的中介效应检验

表6-6为跨地区并购规模中介效应的检验结果。列（1）至列（3）是短期并购绩效为最终被解释变量的中介效应回归结果，列（4）至（6）是长期并购绩效为最终被解释变量的中介效应回归结果。

由列（1）可知，政策不确定性（CHAGNE）与并购短期绩效（CAR）的回归系数显著为负，表明目标政策不确定性会引发负面的短期市场反应；列（2）结果显示政策不确定性（CHAGNE）与跨地区并购规模（PRICE）显著负相关，说明政策不确定性引发的负面效应会降低企业交易水平；列（3）跨地区并购规模（PRICE）的回归系数显著为正，说明跨地区并购规模越大，企业越有可能获得规模效应和协同效应。列（1）至列（3）中介效应的检验结果证明跨地区并购规模确实在政策不确定性与短期并购绩效之间发挥中介作用。列（4）至列（6）的结果同理，证明了跨地区并购规模在政策不确定性与长期并购绩效之间发挥部分中介作用。



表6-6 跨地区并购规模中介效应的检验结果

| | (1)<br>CAR | (2)<br>PRICE | (3)<br>CAR | (4)<br>ΔROA | (5)<br>PRICE | (6)<br>ΔROA |
|---|---|---|---|---|---|---|
| CHANGE | -0.004*<br>(-1.913) | -0.259***<br>(-3.189) | -0.003<br>(-1.234) | -0.010**<br>(-2.108) | -0.204***<br>(-2.985) | -0.009**<br>(-2.006) |
| PRICE | | | 0.005***<br>(4.179) | | | 0.003***<br>(3.623) |
| SIZE | -0.003*<br>(-1.772) | 0.133<br>(1.470) | -0.004**<br>(-2.174) | -0.002<br>(-1.181) | 0.066<br>(0.992) | -0.003<br>(-1.349) |
| LEV | 0.001<br>(0.174) | 0.014<br>(0.040) | 0.001<br>(0.166) | -0.017*<br>(-1.726) | 0.167<br>(0.666) | -0.018*<br>(-1.764) |
| GROW | 0.004**<br>(2.425) | 0.069<br>(1.599) | 0.004***<br>(2.655) | -0.003<br>(-0.745) | -0.027<br>(-0.397) | -0.003<br>(-0.728) |

续表

| | (1)<br>CAR | (2)<br>PRICE | (3)<br>CAR | (4)<br>ΔROA | (5)<br>PRICE | (6)<br>ΔROA |
|---|---|---|---|---|---|---|
| FCF | −0. 046<br>( −1. 410) | 2. 332 ***<br>(4. 180) | −0. 057 *<br>( −1. 796) | 0. 095 ***<br>(4. 010) | 1. 678 ***<br>(3. 505) | 0. 089 ***<br>(3. 756) |
| ROA | 0. 044<br>(1. 084) | −3. 975 ***<br>( −6. 756) | 0. 062<br>(1. 594) | −0. 658 ***<br>( −17. 362) | −3. 640 ***<br>( −4. 064) | −0. 647 ***<br>( −16. 783) |
| TARSIZE | 0. 000<br>(0. 361) | 0. 005 ***<br>(6. 204) | −0. 000<br>( −0. 726) | −0. 000<br>( −1. 371) | 0. 005 ***<br>(6. 924) | −0. 000 **<br>( −2. 119) |
| DUAL | 0. 002<br>(0. 653) | −0. 025<br>( −0. 237) | 0. 003<br>(0. 693) | 0. 008 *<br>(1. 934) | 0. 102<br>(1. 268) | 0. 008 *<br>(1. 863) |
| BOARD | 0. 002<br>(1. 203) | 0. 000<br>(0. 003) | 0. 002<br>(1. 228) | −0. 001 ***<br>( −2. 853) | −0. 000<br>( −0. 012) | −0. 001 ***<br>( −4. 409) |
| INDEP | −0. 004<br>( −0. 149) | 0. 719<br>(1. 619) | −0. 008<br>( −0. 271) | −0. 046 ***<br>( −2. 591) | 0. 573<br>(1. 095) | −0. 048 ***<br>( −2. 776) |
| COMP | −0. 003<br>( −0. 697) | −0. 034<br>( −0. 415) | −0. 003<br>( −0. 698) | −0. 000<br>( −0. 105) | −0. 036<br>( −0. 641) | −0. 000<br>( −0. 065) |
| AGE | 0. 000 *<br>(1. 731) | 0. 012<br>(1. 620) | 0. 000<br>(1. 626) | 0. 000<br>(1. 152) | 0. 007<br>(1. 261) | 0. 000<br>(1. 076) |
| DEGREE | 0. 000<br>(0. 060) | −0. 080 ***<br>( −2. 912) | 0. 000<br>(0. 305) | −0. 001<br>( −0. 532) | −0. 047 **<br>( −2. 224) | −0. 000<br>( −0. 385) |
| GENDER | 0. 011 ***<br>(3. 211) | −0. 245<br>( −1. 219) | 0. 012 ***<br>(5. 426) | 0. 007<br>(0. 683) | −0. 082<br>( −0. 808) | 0. 007<br>(0. 714) |
| TINV | 0. 003<br>(0. 203) | −0. 085<br>( −0. 284) | 0. 004<br>(0. 235) | −0. 017 ***<br>( −2. 668) | 0. 236<br>(1. 087) | −0. 018 ***<br>( −2. 731) |
| TFSGDP | −0. 026<br>( −0. 938) | −1. 113 **<br>( −2. 201) | −0. 020<br>( −0. 743) | 0. 039<br>(1. 142) | −2. 160 ***<br>( −7. 397) | 0. 046<br>(1. 393) |
| TFIS | −0. 004<br>( −0. 117) | −0. 687<br>( −0. 751) | −0. 001<br>( −0. 028) | −0. 012<br>( −0. 365) | −1. 242 *<br>( −1. 860) | −0. 008<br>( −0. 241) |
| AINV | −0. 008<br>( −0. 481) | 0. 440 *<br>(1. 714) | −0. 010<br>( −0. 618) | 0. 004<br>(0. 382) | 0. 793 ***<br>(2. 846) | 0. 001<br>(0. 119) |

续表

| | (1)<br>CAR | (2)<br>PRICE | (3)<br>CAR | (4)<br>ΔROA | (5)<br>PRICE | (6)<br>ΔROA |
|---|---|---|---|---|---|---|
| AFSGDP | 0.026<br>(1.044) | -1.403***<br>(-2.828) | 0.032<br>(1.355) | -0.000<br>(-0.011) | -1.710***<br>(-3.299) | 0.005<br>(0.188) |
| AFIS | -0.005<br>(-0.112) | 0.014<br>(0.016) | -0.005<br>(-0.117) | -0.043*<br>(-1.706) | -0.088<br>(-0.114) | -0.042*<br>(-1.725) |
| CONSTANT | 0.081<br>(1.192) | 17.489***<br>(6.938) | -0.001<br>(-0.024) | 0.062<br>(0.656) | 19.255***<br>(10.061) | -0.000<br>(-0.006) |
| N | 1919 | 1919 | 1919 | 3203 | 3203 | 3203 |
| Adj_$R^2$ | 0.008 | 0.113 | 0.023 | 0.198 | 0.129 | 0.203 |
| F | 1.786 | 9.658 | 2.600 | 22.11 | 16.80 | 22.19 |

注：***，**，*分别表示1%、5%、10%显著性水平，列（1）至列（3）样本量减少为CAR存在缺失值所致。

### 6.5.7　稳健性检验

（1）改变控制变量的指标。

前文控制变量中使用ROA表示企业的盈利能力，而长期业绩的计算也使用了前后期的ROA指标。为了排除可能的影响，本研究去掉控制变量中的ROA重新进行检验，结果如表6-7所示。政策不确定性（CHANGE）、政策不确定性强度（NUM、ABNORMAL）回归系数的符号和显著性与基准结果类似，原结论稳健。

**表6-7　　　　稳健性检验-改变控制变量**

| | (1)<br>CAR | (2)<br>ΔROA | (3)<br>CAR | (4)<br>ΔROA | (5)<br>CAR | (6)<br>ΔROA |
|---|---|---|---|---|---|---|
| CHANGE | -0.005**<br>(-1.975) | -0.010**<br>(-2.074) | | | | |
| NUM | | | -0.004*<br>(-1.918) | -0.008*<br>(-1.876) | | |

续表

| | (1)<br>CAR | (2)<br>ΔROA | (3)<br>CAR | (4)<br>ΔROA | (5)<br>CAR | (6)<br>ΔROA |
|---|---|---|---|---|---|---|
| ABNORMAL | | | | | -0.005**<br>(-2.158) | -0.010**<br>(-2.032) |
| SIZE | -0.003<br>(-1.571) | -0.004**<br>(-1.977) | -0.003**<br>(-2.024) | -0.004**<br>(-1.986) | -0.003<br>(-1.575) | -0.004**<br>(-1.979) |
| LEV | -0.003<br>(-0.410) | 0.039***<br>(3.982) | -0.003<br>(-0.305) | 0.039***<br>(4.040) | -0.003<br>(-0.405) | 0.039***<br>(3.977) |
| GROW | 0.004**<br>(2.363) | -0.010**<br>(-2.239) | 0.005<br>(1.386) | -0.009**<br>(-2.166) | 0.004**<br>(2.413) | -0.010**<br>(-2.235) |
| FCF | -0.035<br>(-1.083) | -0.055***<br>(-2.671) | -0.035*<br>(-1.650) | -0.053***<br>(-2.676) | -0.036<br>(-1.068) | -0.054***<br>(-2.660) |
| TARSIZE | 0.000<br>(0.284) | 0.000<br>(0.225) | 0.000<br>(0.305) | 0.000<br>(0.205) | 0.000<br>(0.285) | 0.000<br>(0.232) |
| DUAL | 0.002<br>(0.584) | 0.009*<br>(1.793) | 0.002<br>(0.689) | 0.009*<br>(1.767) | 0.002<br>(0.595) | 0.009*<br>(1.794) |
| BOARD | 0.002<br>(1.223) | -0.000<br>(-0.277) | 0.002**<br>(2.011) | -0.000<br>(-0.474) | 0.002<br>(1.219) | -0.000<br>(-0.272) |
| INDEP | -0.006<br>(-0.207) | -0.006<br>(-0.235) | -0.007<br>(-0.214) | -0.010<br>(-0.399) | -0.006<br>(-0.215) | -0.006<br>(-0.234) |
| COMP | -0.003<br>(-0.583) | -0.010***<br>(-3.060) | -0.003<br>(-1.171) | -0.010***<br>(-3.049) | -0.003<br>(-0.583) | -0.011***<br>(-3.053) |
| AGE | 0.000*<br>(1.674) | 0.001**<br>(2.066) | 0.000**<br>(2.160) | 0.001**<br>(2.119) | 0.000*<br>(1.685) | 0.001**<br>(2.065) |
| DEGREE | 0.000<br>(0.062) | -0.001<br>(-0.575) | 0.000<br>(0.135) | -0.001<br>(-0.531) | 0.000<br>(0.060) | -0.001<br>(-0.575) |
| GENDER | 0.011***<br>(3.079) | 0.007<br>(0.532) | 0.010**<br>(2.475) | 0.007<br>(0.499) | 0.011***<br>(3.083) | 0.007<br>(0.528) |
| TINV | 0.002<br>(0.100) | -0.002<br>(-0.240) | 0.002<br>(0.189) | -0.002<br>(-0.179) | 0.002<br>(0.102) | -0.002<br>(-0.264) |

续表

| | (1)<br>CAR | (2)<br>ΔROA | (3)<br>CAR | (4)<br>ΔROA | (5)<br>CAR | (6)<br>ΔROA |
|---|---|---|---|---|---|---|
| TFSGDP | -0.022<br>(-0.807) | 0.004<br>(0.117) | -0.024<br>(-1.289) | 0.000<br>(0.004) | -0.022<br>(-0.817) | 0.004<br>(0.111) |
| TFIS | -0.003<br>(-0.093) | -0.015<br>(-0.440) | -0.002<br>(-0.086) | -0.012<br>(-0.383) | -0.003<br>(-0.091) | -0.014<br>(-0.428) |
| AINV | -0.008<br>(-0.470) | 0.007<br>(0.686) | -0.008<br>(-0.816) | 0.008<br>(0.813) | -0.008<br>(-0.477) | 0.007<br>(0.695) |
| AFSGDP | 0.025<br>(1.012) | 0.002<br>(0.083) | 0.025<br>(1.319) | 0.001<br>(0.036) | 0.025<br>(1.022) | 0.002<br>(0.081) |
| AFIS | -0.007<br>(-0.177) | -0.012<br>(-0.370) | -0.007<br>(-0.261) | -0.012<br>(-0.367) | -0.007<br>(-0.170) | -0.012<br>(-0.371) |
| CONSTANT | 0.074<br>(1.101) | 0.145<br>(1.430) | 0.073*<br>(1.925) | 0.148<br>(1.514) | 0.073<br>(1.100) | 0.145<br>(1.431) |
| N | 1919 | 3203 | 1919 | 3203 | 1919 | 3203 |
| Adj_$R^2$ | 0.008 | 0.043 | 0.009 | 0.046 | 0.008 | 0.043 |
| F | 1.837 | 4.249 | 2.190 | 4.357 | 1.880 | 4.260 |

注：***，**，*分别表示1%、5%、10%显著性水平。



（2）改变长期业绩的计算方法。

本研究改变长期业绩的计算方法进行稳健性检验，具体地，使用并购后两年的企业ROA减去并购前一年的企业ROA得到并购长期业绩指标，以ΔROA2表示，同理使用ROE计算得到ΔROE2。检验结果如表6-8所示，政策不确定性（CHANGE）、政策不确定性强度（NUM、ABNORMAL）的回归系数均显著为负，原结论稳健。

**表6-8　　稳健性检验-改变业绩计算方法**

| | (1)<br>ΔROA2 | (2)<br>ΔROE2 | (3)<br>ΔROA2 | (4)<br>ΔROE2 | (5)<br>ΔROA2 | (6)<br>ΔROE2 |
|---|---|---|---|---|---|---|
| CHANGE | -0.011***<br>(-2.597) | -0.016*<br>(-1.842) | | | | |

续表

|  | (1)<br>ΔROA2 | (2)<br>ΔROE2 | (3)<br>ΔROA2 | (4)<br>ΔROE2 | (5)<br>ΔROA2 | (6)<br>ΔROE2 |
|---|---|---|---|---|---|---|
| NUM |  |  | -0.013***<br>(-5.594) | -0.022***<br>(-4.375) |  |  |
| ABNORMAL |  |  |  |  | -0.011***<br>(-2.682) | -0.018**<br>(-1.971) |
| SIZE | -0.003**<br>(-2.026) | -0.009**<br>(-2.083) | -0.003*<br>(-1.915) | -0.009**<br>(-2.010) | -0.003**<br>(-2.007) | -0.009**<br>(-2.070) |
| LEV | -0.019<br>(-1.504) | -0.062**<br>(-2.037) | -0.018<br>(-1.518) | -0.060**<br>(-1.993) | -0.019<br>(-1.606) | -0.062**<br>(-2.040) |
| GROW | -0.015***<br>(-3.533) | -0.016*<br>(-1.688) | -0.015***<br>(-3.514) | -0.015<br>(-1.584) | -0.015***<br>(-3.634) | -0.016*<br>(-1.690) |
| FCF | 0.120***<br>(4.040) | 0.305***<br>(4.165) | 0.124***<br>(4.200) | 0.313***<br>(4.273) | 0.120***<br>(4.056) | 0.306***<br>(4.177) |
| ROA | -0.724***<br>(-16.077) | -1.232***<br>(-11.316) | -0.727***<br>(-16.194) | -1.237***<br>(-11.386) | -0.724***<br>(-16.083) | -1.233***<br>(-11.320) |
| TARSIZE | -0.000<br>(-0.812) | -0.000<br>(-0.347) | -0.000<br>(-0.874) | -0.000<br>(-0.389) | -0.000<br>(-0.807) | -0.000<br>(-0.345) |
| DUAL | 0.013***<br>(3.257) | 0.031***<br>(3.292) | 0.013***<br>(3.296) | 0.031***<br>(3.328) | 0.013***<br>(3.264) | 0.031***<br>(3.297) |
| BOARD | 0.001<br>(1.275) | 0.006***<br>(2.959) | 0.001<br>(1.023) | 0.005***<br>(2.754) | 0.001<br>(1.280) | 0.006***<br>(2.961) |
| INDEP | 0.017<br>(0.526) | 0.171**<br>(2.501) | 0.007<br>(0.231) | 0.154**<br>(2.256) | 0.017<br>(0.522) | 0.170**<br>(2.496) |
| COMP | 0.000<br>(0.109) | -0.001<br>(-0.128) | 0.001<br>(0.225) | -0.000<br>(-0.034) | 0.000<br>(0.105) | -0.001<br>(-0.130) |
| AGE | 0.001**<br>(2.508) | 0.001<br>(1.479) | 0.001***<br>(2.588) | 0.001<br>(1.551) | 0.001**<br>(2.505) | 0.001<br>(1.476) |
| DEGREE | 0.001<br>(0.937) | 0.004<br>(1.544) | 0.001<br>(1.044) | 0.004<br>(1.625) | 0.001<br>(0.937) | 0.004<br>(1.544) |

续表

| | (1) ΔROA2 | (2) ΔROE2 | (3) ΔROA2 | (4) ΔROE2 | (5) ΔROA2 | (6) ΔROE2 |
|---|---|---|---|---|---|---|
| GENDER | 0. 018 *<br>(1. 870) | −0. 028 **<br>( −2. 405) | 0. 017 *<br>(1. 779) | −0. 030 **<br>( −2. 514) | 0. 018 *<br>(1. 859) | −0. 029 **<br>( −2. 418) |
| TINV | −0. 039 ***<br>( −2. 891) | −0. 055 **<br>( −2. 152) | −0. 036 ***<br>( −2. 701) | −0. 050 **<br>( −1. 964) | −0. 039 ***<br>( −2. 902) | −0. 055 **<br>( −2. 154) |
| TFSGDP | 0. 093 ***<br>(4. 574) | 0. 148 ***<br>(3. 515) | 0. 084 ***<br>(4. 250) | 0. 134 ***<br>(3. 223) | 0. 093 ***<br>(4. 563) | 0. 148 ***<br>(3. 502) |
| TFIS | 0. 019<br>(0. 597) | −0. 041<br>( −0. 559) | 0. 022<br>(0. 704) | −0. 034<br>( −0. 474) | 0. 019<br>(0. 614) | −0. 040<br>( −0. 549) |
| AINV | 0. 004<br>(0. 320) | 0. 022<br>(0. 715) | 0. 005<br>(0. 394) | 0. 023<br>(0. 759) | 0. 004<br>(0. 322) | 0. 021<br>(0. 712) |
| AFSGDP | −0. 016<br>( −0. 846) | −0. 048<br>( −1. 150) | −0. 019<br>( −1. 013) | −0. 053<br>( −1. 256) | −0. 016<br>( −0. 842) | −0. 048<br>( −1. 145) |
| AFIS | −0. 048<br>( −1. 473) | −0. 177 **<br>( −2. 453) | −0. 047<br>( −1. 426) | −0. 173 **<br>( −2. 399) | −0. 048<br>( −1. 467) | −0. 177 **<br>( −2. 445) |
| CONSTANT | −0. 017<br>( −0. 371) | 0. 056<br>(0. 576) | −0. 014<br>( −0. 308) | 0. 058<br>(0. 603) | −0. 018<br>( −0. 377) | 0. 055<br>(0. 570) |
| N | 2964 | 2920 | 2964 | 2920 | 2964 | 2920 |
| Adj_$R^2$ | 0. 166 | 0. 099 | 0. 174 | 0. 105 | 0. 166 | 0. 099 |
| F | 18. 57 | 9. 717 | 19. 60 | 9. 918 | 18. 58 | 9. 716 |

注：***，**，*分别表示 1%、5%、10% 显著性水平。

## 6.6　本章小结

本章研究了目标地政策不确定性对跨地区并购绩效的影响。政策不确定性不仅通过提高并购整合后的交易成本影响跨地区并购绩效，还通过跨地区并购规模间接影响并购绩效。运用事件研究法计算企业短期绩效，而且利用并购后与并购之前的财务指标变化表示企业长期绩效，实证检验结果显示，①目标地政策不确定性显著降低企业跨地区并购短期绩效和长期绩效；②考虑政策不确定性强度的影响后发现，官员更替数量较多、官员非正常换届对跨地区并购短期绩效和长期绩效的抑制作用更显著；③信息透明度的影响显示，目标地政策不确定性对信息透明度低的企业的跨地区并购短期绩效和长期绩效的抑制作用更为明显；④中介效应检验显示，跨地区并购规模与并购绩效显著正相关，并购规模在政策不确定性与并购绩效之间发挥部分中介作用。稳健性检验在改变了控制变量的指标、改变了长期业绩指标的计算方法后，回归结果与基准结果类似，仍支持本章的结论。

# 第 7 章　研究结论与对策建议

## 7.1　研 究 结 论

制度基础观认为制度环境是影响企业战略决策及绩效的重要因素。地区政策不确定性影响企业交易成本和预期收益，成为企业并购决策时需要关注的重要风险因素。本研究以 2007 ~ 2018 年上市公司跨地区并购事件为样本，研究了政策不确定性对跨地区并购决策及绩效的影响，系统分析了政策不确定性影响并购决策的内在机理以及影响并购绩效的逻辑路径，并考察了营商环境差异对政策不确定性与跨地区并购决策二者关系的调节作用。主要研究结论如下。

第一，目标地政策不确定性显著降低企业跨地区并购规模，政策不确定性强度越大，跨地区并购规模下降越明显。考察主并方产权特征的影响后发现，目标地政策不确定性对企业跨地区并购规模的抑制作用在民营企业中更为显著。官员更替影响企业跨地区并购规模的政策渠道检验发现，地方官员更替主要通过增加财政政策和税收政策的不确定性影响企业跨地区并购规模，行政监管政策的影响渠道不显著。

第二，政策不确定性通过竞争保护机制、低效评估机制和强势议价机制降低企业跨地区并购规模。具体来说，在并购审批环节，政策不确定性通过降低目标企业被大规模收购的审批通过率影响并购规模；在并购价值评估环节，政策不确定性通过降低主并企业对目标企业评估的准确性降低并购意愿和规模；在并购价格谈判环节，政策不确定性通过提升主并企业的相对议价能力降低并购支付金额。

第三，主并地区相对目标地区营商环境差异越大，政策不确定性对跨地区并购规模的抑制作用越弱。具体地，营商环境分为政务、金融、创新、基础设施四个维度，实证检验发现，主并地区相对目标地区的政务环境差异、金融环境差异和基础设施环境差异均会减弱政策不确定性对跨地区并购规模的负向影响，创新环境差异的调节作用不显著。

第四，目标地政策不确定性显著降低企业跨地区并购短期绩效和长期绩效，政策不确定性强度越大，跨地区并购短期绩效和长期绩效下降越明显。政策不确定性通过影响并购整合过程中的监管治理成本、融资成本和非生产性成本影响并购绩效；政策不确定性对信息透明度低的企业的跨地区并购绩效抑制作用更强；跨地区并购规模在政策不确定性与并购绩效之间发挥部分中介作用，即政策不确定性通过抑制企业跨地区并购规模降低并购绩效。

## 7.2 对策建议



### 7.2.1 政府层面

**1. 优化官员考核晋升机制，加强政府换届期的政策稳定性和衔接性**

官员更替制度虽然可以有效防止任职惰性和腐败，但也使经济政策出现不确定性，并且对企业投资产生挤出效应。研究表明，目标地政策不确定性会影响异地企业的并购规模和并购绩效。政策不确定性已成为降低地区投资吸引力、阻碍区域融合发展的障碍因素。如果要破除政策不确定性形成的制度阻碍、吸引企业异地并购，需从制度层面入手。

首先，应优化官员考核晋升机制，在执政理念上引导地方官员从追求短视化政绩向注重规划前瞻性和长期性转变。新任官员通过短期政策调整完成晋升业绩的做法不利于地区招商引资，反而会引发外部投资者对本地区投资的消极情绪。其次，应增强官员换届前后的政策衔接，在新的政策出台前提供充足的缓冲期，在制定新政策时要注重对原有规划的整合利用，以渐进、修补、改良的方式对接，提高政策一贯性和稳定性。实证检验发现官员更替主要通过财政政策和税收政策工具影响企业跨地区并购决策，政府应特别重视财税政策的稳定性，对财政补贴、税收优惠程度和优惠条件的判定要保持前后一致性。最后，要加大政策解读力度，提高政策透明度，畅通政府与企业的沟通渠道，稳定企业在换届前后的政策预期。

**2. 持续优化营商环境，建立企业跨地区投资的多维度制度保障**

研究表明，良好的营商环境有利于本地企业建立资源以及较强的能力优势以应对跨地区并购时目标地的政策不确定性风险。地方政府要扶持本地企业做大做强，应以营商环境优化为基础，提高地区软实力，为企业发展提供全方位的保障。

营商环境优化是对政府治理理念、行权方式、政企互动关系等方面的结构性重塑。第一，要树立政府服务理念，深化政府投资管理职能改革，提升政府服务水平，打造“服务型政府”。第二，发挥政府的总量信息优势，建立跨地区、跨部门、跨行业、跨领域的政务服务体系，建立信息资源共享平台，为企业提供跨地区的政策、企业信息，降低企业跨地区投资风险。第三，应建立涵盖资金、技术、信息、人才、管理、维权等多方面的服务体系，为企业对外投资提供必要保障。第四，应发挥桥梁作用，组建“专家智囊团”“企业互助圈”，为企业对外投资提供战略、战术支持。第五，加强对中小规模企业和民营企业的政策、资金和技术等方面的扶持，帮助企业克服跨地区投资困难，积极开拓市场。



## 7.2.2　企业层面

**1. 识别投资目标地政策不确定性风险，从并购各环节入手合理规划并购方案**

研究发现目标地政策不确定性会通过影响跨地区并购的审批、评估和议价环节降低主并企业大规模并购的意愿，通过影响整合过程中的监管治理成本、融资成本和非生产性成本降低并购绩效。因此，企业进行跨地区并购决策时，应重视投资目标地官员更替可能引发的政策不确定性风险，充分论证政策不确定性情况下跨地区投资的必要性与可行性，评估并购全流程、各阶段政策不确定性的可能影响，制定合理的并购方案。

在审批环节，要预先了解目标地区有关并购的各项政策规定，查阅以往的并购案例了解并购方案中可能的风险点，制定多种可行的应对方案以便更好地满足投资地相关方的利益诉求、提高并购方案通过概率。在评估环节，要积极利用关系网络获取目标企业的相关信息，加派有经验的人员、运用多种方法评估目标企业价值，提高政策不确定性时期的评估准确率。在谈判环节，要掌握竞争企业的情况，争取有利的谈判地位。在整合环节，要制定合理的整合方案，加强跨区域的风险识别、组织协调、人员管理和关系维护等，降低政策风险，提高并购整合效果。

**2. 评估并购双方营商环境差异，利用营商环境相对优势积极实行跨区域投资战略**

研究表明，企业从营商环境好的地区向营商环境差的地区并购可以在一定程度上缓解目标地区的政策不确定性风险，如果企业所在地营商环境相对较差则会放大政策不确定性风险。



当企业所在地的营商环境较好时，企业应善于利用营商环境差异带来的相对优势，积极投资扩张。通过政府信息平台、行业协会、异地商会的关系网络获取跨区域的行业、政策信息以降低信息不对称程度。积极向本地优势企业学习对外投资所需的知识技能和风险应对技巧，提高识别相似情景、解码信息、移植经验的能力。抓住本地政府对外投资支持窗口期，发挥金融环境以及人才聚集优势，积极实行跨地区并购战略，降低异地投资风险。

当企业所在地的营商环境较差时，企业应审慎评估自身资源基础、社会网络关系是否足以应对目标地政策不确定性给并购交易带来的风险，及时调整投资策略或更换风险更小的并购目标，最大限度提高并购效率和效果。

## 7.3 未来研究展望

本书研究了政策不确定性对跨地区并购决策及绩效的影响，在内容和研究方法方面还存在一定的不足。

第一，目标企业数据获取存在困难，政策不确定性影响跨地区并购绩效的机制检验受限。本研究认为政策不确定性通过影响并购整合后的监管治理成本、融资成本和非生产性成本降低企业并购绩效，由于检验样本中目标企业多为非上市公司，企业经营成本数据不可得，所以本研究中仅对影响机制进行了理论阐释，没有进行实证检验。未来研究可考虑采取调查研究方式对该机制进行验证。

第二，营商环境的评价未能涵盖所有因素。受地区数据可得性以及认知的限制，本研究的营商环境评价是在已有文献基础上，选择对企业跨地区并购影响较大的因素进行评价，可能存在遗漏因素的问题。未来研究可考虑借助技术手段获取更多数据，进一步完善评价指标体系。

# 参考文献

[1] 白重恩，杜颖娟，陶志刚，仝月婷．地方保护主义及产业地区集中度的决定因素和变动趋势［J］．经济研究，2004（4）：29－40.

[2] 薄文广，周燕愉，陆定坤．企业家才能、营商环境与企业全要素生产率——基于我国上市公司微观数据的分析［J］．商业经济与管理，2019（8）：85－97.

[3] 才国伟，吴华强，徐信忠．政策不确定性对公司投融资行为的影响研究［J］．金融研究，2018（3）：89－104.

[4] 蔡宁．文化差异会影响并购绩效吗——基于方言视角的研究［J］．会计研究，2019（7）：43－50.

[5] 蔡庆丰，陈诣之．金融资源与企业并购——从地区不平衡到企业再平衡的解释［J］．厦门大学学报（哲学社会科学版），2019（4）：29－40.

[6] 蔡庆丰，田霖，郭俊峰．民营企业家的影响力与企业的异地并购——基于中小板企业实际控制人政治关联层级的实证发现［J］．中国工业经济，2017（3）：156－173.

[7] 曹春方，马连福，沈小秀．财政压力、晋升压力、官员任期与地方国企过度投资［J］．经济学（季刊），2014，13（4）：1415－1436.

[8] 曹春方．政治权力转移与公司投资：中国的逻辑［J］．管理世界，2013（1）：143－157.

[9] 陈传明，孙俊华．企业家人口背景特征与多元化战略选择——基于中国上市公司面板数据的实证研究［J］．管理世界，2008（5）：124－133，187－188.

[10] 陈德球，陈运森．政策不确定性与上市公司盈余管理［J］．经济研究，2018，53（6）：97－111.

[11] 陈刚，李树．官员交流、任期与反腐败 [J]．世界经济，2012 (2)：120 – 142.

[12] 陈胜蓝，马慧．卖空压力与公司并购——来自卖空管制放松的准自然实验证据 [J]．管理世界，2017 (7)：142 – 156.

[13] 陈仕华，卢昌崇，姜广省等．国企高管政治晋升对企业并购行为的影响——基于企业成长压力理论的实证研究 [J]．管理世界，2015 (9)：125 – 136.

[14] 陈太义，王燕，赵晓松．营商环境、企业信心与企业高质量发展——来自 2018 年中国企业综合调查 (CEGS) 的经验证据 [J]．宏观质量研究，2020，8 (2)：110 – 128.

[15] 陈艳艳，罗党论．地方官员更替与企业投资 [J]．经济研究，2012，47 (S2)：18 – 30.

[16] 程聪，贾良定．我国企业跨国并购驱动机制研究——基于清晰集的定性比较分析 [J]．南开管理评论，2016，19 (6)：113 – 121.

[17] 代明．从打造营商环境看政府投资的乘数效应 [J]．开发研究，2005 (1)：16 – 19.

[18] 戴静，刘放，张豪等．周期交错、政策不确定和企业 R&D 投资——基于官员任期和五年计划的证据 [J]．管理评论，2019，31 (12)：100 – 114.

[19] 戴亦一，潘越，冯舒．中国企业的慈善捐赠是一种“政治献金”吗？——来自市委书记更替的证据 [J]．经济研究，2014 (2)：74 – 86.

[20] 丁鼎，高强，李宪翔．我国城市营商环境建设历程及评价——以 36 个省会城市、直辖市及计划单列市为例 [J]．宏观经济管理，2020 (1)：55 – 66.

[21] 董彪，李仁玉．我国法治化国际化营商环境建设研究——基于《营商环境报告》的分析 [J]．商业经济研究，2016 (13)：141 – 143.

[22] 董志强，魏下海，汤灿晴．制度软环境与经济发展——基于 30 个大城市营商环境的经验研究 [J]．管理世界，2012 (4)：9 – 20.

[23] 杜运周，刘秋辰，程建青．什么样的营商环境生态产生城市高创业活跃度？——基于制度组态的分析 [J]．管理世界，2020，36

(9): 141 - 155.

[24] 樊纲，王小鲁．中国市场化指数 [M]. 北京：经济科学出版社，2001.

[25] 范子英，李欣．部长的政治关联效应与财政转移支付分配 [J]. 经济研究，2014，49 (6): 129 - 141.

[26] 方军雄．市场分割与资源配置效率的损害——来自企业并购的证据 [J]. 财经研究，2009，35 (9): 36 - 47.

[27] 冯涛，张美莎．营商环境、金融发展与企业技术创新 [J]. 科技进步与对策，2020，37 (6): 147 - 153.

[28] 冯笑，王永进，刘灿雷．行政审批效率与中国制造业出口——基于行政审批中心建立的“准自然实验” [J]. 财经研究，2018，44 (10): 98 - 110.

[29] 冯展斌．盈余质量、政治冲击与债务融资成本 [J]. 华东经济管理，2017，31 (9): 45 - 52.

[30] 高翔，龙小宁，杨广亮．交通基础设施与服务业发展——来自县级高速公路和第二次经济普查企业数据的证据 [J]. 管理世界，2015 (8): 81 - 96.

[31] 葛结根．并购支付方式与并购绩效的实证研究——以沪深上市公司为收购目标的经验证据 [J]. 会计研究，2015 (9): 74 - 80.

[32] 郭琦，罗斌元．融资约束、会计信息质量与投资效率 [J]. 中南财经政法大学学报，2013 (1): 102 - 109.

[33] 郭燕芬，柏维春．营商环境建设中的政府责任：历史逻辑、理论逻辑与实践逻辑 [J]. 重庆社会科学，2019 (2): 6 - 16.

[34] 韩超，刘鑫颖，王海．规制官员激励与行为偏好——独立性缺失下环境规制失效新解 [J]. 管理世界，2016 (2): 82 - 94.

[35] 何山，李后建．地方官员异地更替对企业 R&D 投资具有“挤出”效应吗？[J]. 产业经济研究，2014 (4): 30 - 40.

[36] 胡杰武，张秋生，胡靓．区域产业整合及经济增长研究——基于跨区域并购视角 [J]. 中国软科学，2012 (6): 167 - 174.

[37] 胡俊．地区互联网发展水平对制造业升级的影响研究 [J]. 软科学，2019，33 (5): 6 - 10，40.

[38] 黄嫚丽，张慧如，刘朔．中国企业并购经验与跨国并购股权

的关系研究［J］. 管理学报，2017，14（8）：1134－1142.

［39］贾镜渝，李文．距离、战略动机与中国企业跨国并购成败——基于制度和跳板理论［J］. 南开管理评论，2016，19（6）：122－132.

［40］贾倩，孔祥，孙铮．政策不确定性与企业投资行为——基于省级地方官员变更的实证检验［J］. 财经研究，2013，39（2）：81－91.

［41］姜付秀，伊志宏，苏飞，黄磊．管理者背景特征与企业过度投资行为［J］. 管理世界，2009（1）：130－139.

［42］蒋冠宏，蒋殿春．中国对外投资的区位选择：基于投资引力模型的面板数据检验［J］. 世界经济，2012（9）：21－40.

［43］金春雨，张德园．中国不同类型经济政策不确定性的宏观经济效应对比研究［J］. 当代经济科学，2020，42（2）：45－58.

［44］金智，宋顺林，阳雪．女性董事在公司投资中的角色［J］. 会计研究，2015（5）：80－86，95.

［45］赖先进．哪些优化营商环境政策对经济增长影响更有效？——基于全球 162 个经济体的证据［J］. 中国行政管理，2020（4）：145－152.

［46］李彬，潘爱玲．税收诱导、战略异质性与公司并购［J］. 南开管理评论，2015，18（6）：125－135.

［47］李彬．文化企业并购高溢价之谜：结构解析、绩效反应与消化机制［J］. 广东社会科学，2015（4）：37－43.

［48］李敬子，刘月．贸易政策不确定性与研发投资：来自中国企业的经验证据［J］. 产业经济研究，2019（6）：1－13.

［49］李路，肖土盛，贺宇倩，王雪丁．收购方管理层语言经历、文化整合与并购绩效［J］. 会计研究，2020（2）：90－100.

［50］李苗苗，肖洪钧，赵爽．金融发展、技术创新与经济增长的关系研究——基于中国的省市面板数据［J］. 中国管理科学，2015，23（2）：162－169.

［51］李青原．公司并购悖论的研究回顾与评述［J］. 证券市场导报，2007（1）：45－55.

［52］李善民，黄志宏，郭菁晶．资本市场定价对企业并购行为的影响研究——来自中国上市公司的证据［J］. 经济研究，2020，55

(7): 41 -57.

[53] 李善民，杨继彬，钟君煜. 风险投资具有咨询功能吗？——异地风投在异地并购中的功能研究 [J]. 管理世界，2019，35 (12): 164 -180，215 -216.

[54] 李善民，曾昭灶，王彩萍，朱滔，陈玉罡. 上市公司并购绩效及其影响因素研究 [J]. 世界经济，2004 (9): 60 -67.

[55] 李诗，吴超鹏. 中国企业跨国并购成败影响因素实证研究——基于政治和文化视角 [J]. 南开管理评论，2016，19 (3): 18 -30.

[56] 李四海，蔡宏标，张俭. 产权性质、会计盈余质量与银行信贷决策——信贷歧视抑或风险防控 [J]. 中南财经政法大学学报，2015 (5): 78 -87.

[57] 李维安，王鹏程，徐业坤. 慈善捐赠、政治关联与债务融资——民营企业与政府的资源交换行为 [J]. 南开管理评论，2015，18 (1): 4 -14.

[58] 李先军，罗仲伟. 新时代中国营商环境优化："十三五"回顾与"十四五"展望 [J]. 改革，2020 (8): 46 -57.



[59] 李小燕，陶军. 高管薪酬变化与并购代理动机的实证分析——基于国有与民营上市公司治理结构的比较研究 [J]. 中国软科学，2011 (5): 122 -128.

[60] 李亚波，李元旭. 美国经济政策不确定性与中国海外并购 [J]. 经济问题探索，2019 (1): 106 -118.

[61] 李曜，宋贺. 风险投资支持的上市公司并购绩效及其影响机制研究 [J]. 会计研究，2017 (6): 60 -66.

[62] 李增泉，余谦，王晓坤. 掏空、支持与并购重组——来自我国上市公司的经验证据 [J]. 经济研究，2005 (1): 95 -105.

[63] 李志军，张世国，李逸飞，单珊. 中国城市营商环境评价及有关建议 [J]. 江苏社会科学，2019 (2): 30 -42，257.

[64] 梁平汉，高楠. 人事变更、法制环境和地方环境污染 [J]. 管理世界，2014 (6): 65 -78.

[65] 梁权熙，谢宏基. 政策不确定性损害了中国经济的长期增长潜力吗？——来自企业创新行为的证据 [J]. 中央财经大学学报，2019 (7): 79 -92.

[66] 刘春，李善民，孙亮．独立董事具有咨询功能吗？——异地独董在异地并购中功能的经验研究［J］．管理世界，2015（3）：124－136.

[67] 刘慧凤，杨晓彤．地方财政政策对文化企业并购行为的促进效应研究［J］．财贸研究，2019，30（10）：64－77.

[68] 刘军，付建栋．营商环境优化、双重关系与企业产能利用率［J］．上海财经大学学报，2019，21（4）：70－89.

[69] 刘奎甫．经济政策不确定性对公司并购的影响效应研究［D］．南京大学，2019.

[70] 刘志远，王存峰，彭涛，郭瑾．政策不确定性与企业风险承担：机遇预期效应还是损失规避效应［J］．南开管理评论，2017，20（6）：15－27.

[71] 龙玉，赵海龙，张新德，李曜．时空压缩下的风险投资——高铁通车与风险投资区域变化［J］．经济研究，2017，52（4）：195－208.

[72] 娄成武，张国勇．基于市场主体主观感知的营商环境评估框架构建——兼评世界银行营商环境评估模式［J］．当代经济管理，2018，40（6）：60－68.

[73] 卢锐，魏明海，黎文靖．管理层权力、在职消费与产权效率——来自中国上市公司的证据［J］．南开管理评论，2008（5）：85－92，112.

[74] 吕长江，韩慧博．业绩补偿承诺、协同效应与并购收益分配［J］．审计与经济研究，2014，29（6）：3－13.

[75] 罗党论，廖俊平，王珏．地方官员变更与企业风险——基于中国上市公司的经验证据［J］．经济研究，2016（5）：130－142.

[76] 马相东，王跃生．新时代吸引外资新方略：从招商政策优惠到营商环境优化［J］．中共中央党校学报，2018，22（4）：112－121.

[77] 潘爱玲，刘文楷，王雪．管理者过度自信、债务容量与并购溢价［J］．南开管理评论，2018，21（3）：35－45.

[78] 潘爱玲，邱金龙，杨洋．业绩补偿承诺对标的企业的激励效应研究——来自中小板和创业板上市公司的实证检验［J］．会计研究，2017（3）：46－52，95.

[79] 潘爱玲，吴倩．产业生态环境异质性与文化企业异地并购的区位选择［J］．华中师范大学学报（人文社会科学版），2018，57（5）：65－79.

[80] 潘红波，夏新平，余明桂．政府干预、政治关联与地方国有企业并购［J］．经济研究，2008（4）：41－52.

[81] 潘红波，余明桂．支持之手、掠夺之手与异地并购［J］．经济研究，2011（9）：108－120.

[82] 彭聪，申宇，张宗益．高管校友圈降低了市场分割程度吗？——基于异地并购的视角［J］．管理世界，2020，36（5）：14，134－144，160.

[83] 彭向刚，马冉．政务营商环境优化及其评价指标体系构建［J］．学术研究，2018（11）：55－61.

[84] 皮建才．中国地方政府间竞争下的区域市场整合［J］．经济研究，2008（3）：115－124.

[85] 钱爱民，张晨宇．政策不确定性、会计信息质量与银行信贷合约——基于民营企业的经验证据［J］．中国软科学，2016（11）：121－136.

[86] 钱先航，徐业坤．官员更替、政治身份与民营上市公司的风险承担［J］．经济学（季刊），2014，13（4）：1437－1460.

[87] 秦米源．并购前的尽职调查与风险防范［J］．广西社会科学，2013（2）：64－67.

[88] 饶品贵，徐子慧．经济政策不确定性影响了企业高管变更吗？［J］．管理世界，2017（1）：145－157.

[89] 施震凯，邵军，浦正宁．交通基础设施改善与生产率增长：来自铁路大提速的证据［J］．世界经济，2018，41（6）：127－151.

[90] 史长宽，梁会君．营商环境省际差异与扩大进口——基于30个省级横截面数据的经验研究［J］．山西财经大学学报，2013，35（5）：12－23.

[91] 史歌．宏观经济不确定性对企业资产配置影响研究［J］．理论探讨，2020（3）：91－96.

[92] 宋凌云，王贤彬．重点产业政策、资源重置与产业生产率［J］．管理世界，2013（12）：63－77.

[93] 宋全云，李晓，钱龙．经济政策不确定性与企业贷款成本[J]．金融研究，2019（7）：57－75.

[94] 宋渊洋，黄礼伟．为什么中国企业难以国内跨地区经营？[J]．管理世界，2014，255（12）：115－133.

[95] 宋渊洋．制度距离、制度相对发展水平与服务企业国内跨地区经营战略——来自中国证券业的经验证据[J]．南开管理评论，2015，18（3）：60－70.

[96] 孙金云，李涛．创业生态圈研究：基于共演理论和组织生态理论的视角[J]．外国经济与管理，2016，38（12）：32－45.

[97] 孙晓华，王昀，徐冉．金融发展、融资约束缓解与企业研发投资[J]．科研管理，2015，36（5）：47－54.

[98] 孙秀明，孙遇春，刘洁．政府服务中小企业"走出去"的质量评价——基于SERVQUAL模型的上海市实证研究[J]．华东经济管理，2015，29（1）：168－174.

[99] 谭小芬，张文婧．经济政策不确定性影响企业投资的渠道分析[J]．世界经济，2017，40（12）：3－26.

[100] 唐建新，陈冬．地区投资者保护、企业性质与异地并购的协同效应[J]．管理世界，2010（8）：102－116.

[101] 汪弘，冯文伯，钟笑寒．经济政策不确定性与企业并购[J]．金融学季刊，2019，13（2）：201－224.

[102] 王凤荣，苗妙．税收竞争、区域环境与资本跨区流动——基于企业异地并购视角的实证研究[J]．经济研究，2015（2）：16－30.

[103] 王红建，李青原，邢斐．经济政策不确定性、现金持有水平及其市场价值[J]．金融研究，2014（9）：53－68.

[104] 王竞达，范庆泉．上市公司并购重组中的业绩承诺及政策影响研究[J]．会计研究，2017（10）：71－77.

[105] 王立勇，纪尧．财政政策波动性与财政规则：基于开放条件DSGE模型的分析[J]．经济研究，2019，54（6）：121－135.

[106] 王文剑，仉建涛，覃成林．财政分权、地方政府竞争与FDI的增长效应[J]．管理世界，2007（3）：13－22.

[107] 王文忠，曹雅丽．政治冲击、制度效率与企业创新——来自主政官员更替的证据[J]．山西财经大学学报，2017，39（1）：1－14.

［108］王贤彬，黄亮雄．官员更替、政策不确定性及其经济效应——中国情景10年研究回顾与展望［J］．公共管理与政策评论，2020，9（2）：69－81.

［109］王贤彬，徐现祥，李郇．地方官员更替与经济增长［J］．经济学（季刊），2009，8（4）：1301－1328.

［110］王艳，阚铄．企业文化与并购绩效［J］．管理世界，2014（11）：146－157.

［111］魏江，王丁，刘洋．来源国劣势与合法化战略——新兴经济企业跨国并购的案例研究［J］．管理世界，2020，36（3）：101－120.

［112］魏明海，岳勇坚，雷倩华．盈余质量与交易成本［J］．会计研究，2013（3）：36－42，95.

［113］魏下海，董志强，张永璟．营商制度环境为何如此重要？——来自民营企业家"内治外攘"的经验证据［J］．经济科学，2015（2）：105－116.

［114］温日光．谁要求更高的并购溢价？基于国家集体主义的视角［J］．会计研究，2017（9）：55－61.

［115］温忠麟，张雷，侯杰泰．中介效应检验程序及其应用［J］．心理学报，2004（5）：614－620.

［116］巫景飞，何大军，林（日韦）等．高层管理者政治网络与企业多元化战略：社会资本视角——基于我国上市公司面板数据的实证分析［J］．管理世界，2008（8）：107－118.

［117］吴超鹏，唐菂．知识产权保护执法力度、技术创新与企业绩效——来自中国上市公司的证据［J］．经济研究，2016，51（11）：125－139.

［118］吴超鹏，吴世农，郑方镳．管理者行为与连续并购绩效的理论与实证研究［J］．管理世界，2008（7）：126－133.

［119］吴倩，潘爱玲，邱金龙．高铁通车、地区间信任与资本跨区流动——基于企业异地并购的视角［J］．当代财经，2020（10）：75－86.

［120］夏后学，谭清美，白俊红．营商环境、企业寻租与市场创新——来自中国企业营商环境调查的经验证据［J］．经济研究，2019，54（4）：84－98.

[121] 夏立军，陆铭，余为政．政企纽带与跨省投资——来自中国上市公司的经验证据［J］．管理世界，2011（7）：128－140.

[122] 向杨，徐良果，王勇军．官员更替、任职期限与企业过度投资［J］．投资研究，2014（8）：43－60.

[123] 肖土盛，李丹，袁淳．企业风格与政府环境匹配：基于异地并购的证据［J］．管理世界，2018，34（3）：124－138.

[124] 谢红星．营商法治环境评价的中国思路与体系——基于法治化视角［J］．湖北社会科学，2019（3）：138－147.

[125] 辛大楞，辛立国．营商环境与企业产品质量升级——基于腐败视角的分析［J］．财贸研究，2019，30（3）：85－98.

[126] 徐光伟，孙铮，刘星．经济政策不确定性对企业投资结构偏向的影响——基于中国 EPU 指数的经验证据［J］．管理评论，2020，32（1）：246－261.

[127] 徐浩，张美莎．营商环境、关系型融资与技术创新［J］．当代财经，2019（12）：73－83.

[128] 徐现祥，李郇，王美今．区域一体化、经济增长与政治晋升［J］．经济学（季刊），2007（4）：1075－1096.

[129] 徐业坤，钱先航，李维安．政治不确定性、政治关联与民营企业投资——来自市委书记更替的证据［J］．管理世界，2013（5）：116－130.

[130] 徐媛媛，洪剑峭，曹新伟．我国上市公司特征与证券分析师实地调研［J］．投资研究，2015，34（1）：121－136.

[131] 许小君．企业政治战略概念内涵、维度和外延——基于资源基础观和制度基础观的整合［J］．宏观经济研究，2013（5）：71－78.

[132] 薛有志，吴超，周杰．企业跨国并购决策中的国别选择——“逆势”跨国并购模式的驱动因素［J］．经济与管理研究，2013（9）：55－60.

[133] 薛祖云，王冲．信息竞争抑或信息补充：证券分析师的角色扮演——基于我国证券市场的实证分析［J］．金融研究，2011（11）：167－182.

[134] 杨畅，白雪洁，赵洋．营商法治环境、融资歧视与债务“期限悖论”——基于中国制造业企业的研究［J］．山西财经大学学报，

2020，42（8）：102－113.

［135］杨海生，陈少凌，罗党论等．政策不稳定性与经济增长——来自中国地方官员变更的经验证据［J］．管理世界，2014（9）：13－28，187－188.

［136］杨进，张攀．地区法治环境与企业绩效——基于中国营商环境调查数据的实证研究［J］．山西财经大学学报，2018，40（9）：1－17.

［137］姚益龙，刘巨松，刘冬妍．要素市场发展差异、产权性质与异地并购绩效［J］．南开管理评论，2014，17（5）：102－111.

［138］叶青，李增泉，李光青．富豪榜会影响企业会计信息质量吗？——基于政治成本视角的考察［J］．管理世界，2012（1）：104－120.

［139］于成永，施建军，方红．控制权、规模与并购绩效——基于沪深制造业上市公司的实证研究［J］．国际贸易问题，2013（5）：128－142.

［140］于明涛，潘爱玲．政府竞争水平差异有利于提升企业跨地区并购绩效吗？［J］．审计与经济研究，2018，33（2）：81－92.

［141］于文超，梁平汉．不确定性、营商环境与民营企业经营活力［J］．中国工业经济，2019（11）：136－154.

［142］于文超，王小丹．政企关系重构、政企信息不对称与企业产能利用率［J］．产业经济研究，2020（2）：131－142.

［143］余官胜．东道国金融发展和我国企业对外直接投资——基于动机异质性视角的实证研究［J］．国际贸易问题，2015（3）：138－145.

［144］余鹏翼，王满四．国内上市公司跨国并购绩效影响因素的实证研究［J］．会计研究，2014（3）：64－70.

［145］袁莉　新时代营商环境法治化建设研究：现状评估与优化路径［J］．学习与探索，2018（11）：81－86.

［146］翟进步，王玉涛，李丹．上市公司并购融资方式选择与并购绩效："功能锁定"视角［J］．中国工业经济，2011（12）：100－110.

［147］张军，高远．官员任期、异地交流与经济增长——来自省级经验的证据［J］．经济研究，2007（11）：91－103.

［148］张军涛，毕乐强，纪昭君．区域间公共基础设施溢出效应研

究［J］. 城市发展研究，2011，18（2）：76－81.

［149］张美莎，徐浩，冯涛. 营商环境、关系型借贷与中小企业技术创新［J］. 山西财经大学学报，2019，41（2）：35－49.

［150］张明，陈伟宏，蓝海林. 中国企业“凭什么”完全并购境外高新技术企业——基于94个案例的模糊集定性比较分析（fsQCA）［J］. 中国工业经济，2019（4）：117－135.

［151］张楠，卢洪友. 官员垂直交流与环境治理——来自中国109个城市市委书记（市长）的经验证据［J］. 公共管理学报，2016，13（1）：31－43，153－154.

［152］张三保，康璧成，张志学. 中国省份营商环境评价：指标体系与量化分析［J］. 经济管理，2020，42（4）：5－19.

［153］张天华，高翔，步晓宁等. 中国交通基础设施建设改善了企业资源配置效率吗？——基于高速公路建设与制造业企业要素投入的分析［J］. 财经研究，2017，43（8）：122－134.

［154］张龑，孙浦阳. 双边营商环境、契约依赖和贸易持续期——基于中国企业微观数据的实证研究［J］. 财经研究，2016，42（4）：49－60.

［155］赵静，黄敬昌，刘峰. 高铁开通与股价崩盘风险［J］. 管理世界，2018，34（1）：157－168，192.

［156］赵璐，李昕. 目标方信息质量、并购溢价与交易终止［J］. 当代经济研究，2018（11）：81－88.

［157］郑烨，王春萍，段永彪. “放管服”改革、政府透明度与区域营商环境——基于国内城市面板数据的实证研究［J］. 软科学，2020，34（9）：9－15.

［158］钟覃琳，陆正飞，袁淳. 反腐败、企业绩效及其渠道效应——基于中共十八大的反腐建设的研究［J］. 金融研究，2016（9）：161－176.

［159］周晶晶，赵增耀. 东道国经济政策不确定性对中国企业跨国并购的影响——基于二元边际的视角［J］. 国际贸易问题，2019（9）：147－160.

［160］周黎安. 晋升博弈中政府官员的激励与合作——兼论我国地方保护主义和重复建设问题长期存在的原因［J］. 经济研究，2004

(6): 33-40.

[161] 周黎安，赵鹰妍，李力雄．资源错配与政治周期 [J]．金融研究，2013 (3): 15-29.

[162] 周黎安．中国地方官员的晋升锦标赛模式研究 [J]．经济研究，2007 (7): 36-50.

[163] 周绍妮，王中超，操群．高管权力、机构投资者与并购绩效 [J]．财经论丛，2019 (9): 73-81.

[164] 朱军．中国财政政策不确定性的指数构建、特征与诱因 [J]．财贸经济，2017，38 (10): 22-36.

[165] AMORE M D, Minichilli A. Local Political Uncertainty, Family Control, and Investment Behavior [J]. Journal of Financial and Quantitative Analysis, 2018, 53 (4): 1781-1804.

[166] AN H, CHEN Y Y, LUO D L, et al. Political Uncertainty and Corporate Investment: Evidence from China [J]. Journal of Corporate Finance, 2016, 36: 174-189.

[167] ASHRAF B N, SHEN Y V. Economic Policy Uncertainty and Banks' Loan Pricing [J]. Journal of Financial Stability, 2019, 44: 100695.

[168] BAH E H, FANG L. Impact of the Business Environment on Output and Productivity in Africa [J]. Journal of Development Economics, 2015, 114 (8): 159-171.

[169] BAKER S R, BLOOM N, DAVIS S J. Measuring Economic Policy Uncertainty [J]. The Quarterly Journal of Economics, 2016, 131 (4): 1593-1636.

[170] BASUIL D A, DATTA D K. Value Creation in Cross-border Acquisitions: The Role of Outside Directors' Human and Social Capital [J]. Journal of Business Research, 2017, 80: 35-44.

[171] BAXAMUSA M, DATTA S, JHA A. Does Policy Uncertainty Increase Relational Risks? Evidence from Strategic Alliances [J]. Financial Management, 2020: 1-45.

[172] BENEISH M D, JANSEN I P, LEWIS M F, et al. Diversification to Mitigate Expropriation in the Tobacco Industry [J]. Journal of Finan-

cial Economics, 2007, 89 (1): 136 - 157.

[173] BERNANKE B S. Irreversibility, Uncertainty, and Cyclical Investment [J]. The Quarterly Journal of Economics, 1893, 98 (1): 85 - 106.

[174] BERRY H, GUILLÉN M F, ZHOU N. An Institutional Approach to Cross-national Distance [J]. Journal of International Business Studies, 2010, 41 (9): 1460 - 1480.

[175] BHAGWAT V, DAM R, Harford J. The Real Effects of Uncertainty on Merger Activity [J]. Review of Financial Studies, 2016, 29 (11): 3000 - 3034.

[176] BLOOM N, BOND S, VAN REENEN J. Uncertainty and Investment Dynamics [J]. Review of Economic Studies, 2007, 74 (2): 391 - 415.

[177] BLOOM N. Uncertainty and the Dynamics of R&D [J]. The American Economic Review, 2007 (97): 250 - 255.

[178] BONAIME A, GULEN H, ION M. Does Policy Uncertainty Affect Mergers and Acquisitions? [J]. Journal of Financial Economics, 2018, 129 (3): 531 - 558.

[179] BOSCHMA R, MARROCU E, PACI R. Symmetric and Asymmetric Effects of Proximities. The Case of M&A Deals in Italy [J]. Journal of Economic Geography, 2015, 16 (2), 505 - 535.

[180] BOUBAKRI N, COSSET J C, SAFFAR W. Political Connections of Newly Privatized firms [J]. Journal of Corporate Finance, 2008, 14 (5): 654 - 673.

[181] BO ZHIYUE. Economic Performance and Political Mobility: Chinese Provincial Leaders [J]. Journal of Contemporary China, 1996, 5 (12): 135 - 154.

[182] BRIS A, CABOLIS C. The Value of Investor Protection: Firm Evidence from Cross-Border Mergers [J]. Social Science Electronic Publishing, 2008, 21 (2): 605 - 648.

[183] BRUSLERIE H D L. Corporate Acquisition Process: Is there an Optimal Cash-equity Payment Mix? [J]. International Review of Law &

Economics, 2012, 32 (1): 83 - 94.

[184] BUCKLEY P J, CLEGG L J, CROSS A R, et al. The Determinants of Chinese Outward Foreign Direct Investment [J]. Journal of International Business Studies, 2007, 38 (4): 499 - 518.

[185] CAO C, LI X, LIU G. Political Uncertainty and Cross-Border Acquisitions [J]. Review of Finance, 2018, 23 (2): 439 - 470.

[186] CARLSSON G, KARLSSON K. Age, Cohorts and the Generation of Generations [J]. American Sociological Review, 1970, 35 (4): 710 - 718.

[187] CHEN K, NIE H, GE Z. Policy Uncertainty and FDI: Evidence from National Elections [J]. Journal of International Trade and Economic Development, 2019, 28 (3 - 4): 419 - 428.

[188] CHEN T, HARFORD J, LIN C. Do Analysts Matter for Governance? Evidence from Natural Experiments [J]. Journal of Financial Economics, 2015, 115 (2): 383 - 410.

[189] CHEN Y S, CHEN D Q, WANG W M, et al. Political Uncertainty and Firms' Information Environment: Evidence from China [J]. Journal of Accounting and Public Policy, 2018, 37 (1): 39 - 64.

[190] CHRISTIANO L J, MOTTO R, ROSTAGNO M. Risk Shocks [J]. American Economic Review, 2016, 104 (1): 27 - 65.

[191] CLOUGHERTY J A, ZHANG N. Foreign Investor Reactions to Risk and Uncertainty in Antitrust: U. S. Merger Policy Investigations and the Deterrence of Foreign Acquirer Presence [J]. Journal of International Business Studies, 2020, 52 (3): 454 - 478.

[192] ÇOLAK G, DURNEV A, QIAN Y. Political Uncertainty and IPO Activity: Evidence from U. S. Gubernatorial Elections [J]. Journal of Financial & Quantitative Analysis, 2017, 52: 2523 - 2564.

[193] CUYPERS I R P, CUYPERS Y, MARTIN X. When the Target May Know Better: Effects of Experience and Information Asymmetries on Value from Mergers and Acquisitions [J]. Strategic Management Journal, 2017, 38 (3): 609 - 625.

[194] DATTA D K, PINCHES G E, NARAYANAN V K. Factors In-

fluencing Wealth Creation from Mergers and Acquisitions: A Meta-Analysis [J]. Strategic Management Journal, 1992, 13 (1): 67 – 84.

[195] DEMIRGUCKUNT A, AYYAGARI M, MAKSIMOVIC V. How Important are Financing Constraints? The Role of Finance in The Business Environment [J]. Policy Research Working Paper, 2010, 22 (3): 483 – 516.

[196] DENG P. Outward Investment by Chinese Mncs: Motivations and Implications [J]. Business Horizons, 2004, 47 (3): 8 – 16.

[197] DIKOVA D, SAHIB P R, VAN WITTELOOSTUIJN A. Cross-Border Acquisition Abandonment and Completion: The Effect of Institutional Differences and Organizational Learning in the International Business Service Industry, 1981 – 2001 [J]. Journal of International Business Studies, 2010, 41 (2): 223 – 245.

[198] DIMAGGIO P J, POWELL W W. The Iron Cage Revisited: Institutional Isomorphism and Collective Rationality in Organizational Fields [J]. American Sociological Review, 1983, 48 (2): 147 – 160.

[199] D'MELLO R, TOSCANO F. Economic Policy Uncertainty and Short-Term Financing: The Case of Trade Credit [J]. Journal of Corporate Finance, 2020, 64: 101686.

[200] EREL I, LIAO C, WEISBACH M S. Determinants of Cross-Border Mergers and Acquisitions [J]. The Journal of Finance, 2012, 67 (3): 1045 – 1082.

[201] FEITO-RUIZ I, SUSANA MENÉNDEZ-REQUEJO. Cross-border Mergers and Acquisitions in Different Legal Environments [J]. International Review of Law and Economics, 2011, 31 (3): 169 – 187.

[202] FERNÁNDEZ-VILLAVERDE JESÚS, GUERRON-QUINTANA P A, KUESTER K, et al. Fiscal Volatility Shocks and Economic Activity [J]. American Economic Review, 2011, 105 (11): 3352 – 3384.

[203] GALAVOTTI I, CERRATO D, DEPPERU D. Experience and Cross-Border Acquisitions: An Organizational Learning Perspective [J]. European Management Review, 2017, 14 (2): 119 – 131.

[204] GILCHRIST S, SIM J, ZAKRAJSEK E. Uncertainty, Financial

Frictions, and Investment Dynamics [J]. Finance and Economics Discussion Series, 2014 (59): 1 -58.

[205] GIOVANNI J D. What Drives Capital Flows? The Case of Cross-border M&A Activity and Financial Deepening [J]. Journal of International Economics, 2005, 65 (1): 127 -149.

[206] GULEN H, ION M. Policy Uncertainty and Corporate Investment [J]. The Review of Financial Studies, 2016, 29 (3): 523 -564.

[207] HAMBRICK D C, MASON P A. Upper echelons: The Organization as a Reflection of Its Top Managers [J]. Academy of Management Review, 1984, 9 (2): 193 -206.

[208] HANDLEY K, LIMÃO N. Trade and Investment Under Policy Uncertainty: Theory and Firm Evidence [J]. American Economic Journal-Economic Policy, 2015, 7 (4): 189 -222.

[209] HARFORD J, LI K. Decoupling CEO Wealth and Firm Performance: The Case of Acquiring CEOs [J]. The Journal of Finance, 2007, 62 (2), 917 -949.



[210] HASPESLAGH P C, JEMISON D B. Managing Acquisitions: Creating Value Through Corporate Renewal [J]. The Academy of Management Review, 1991, 18 (2): 370 -374.

[211] HSIEH H C, BOARELLI S, VU T H C. The Effects of Economic Policy Uncertainty on Outward Foreign Direct Investment [J]. International Review of Economics and Finance, 2019, 64: 377 -392.

[212] HUANG Y, LUK P. Measuring Economic Policy Uncertainty in China [J]. China Economic Review, 2019, 59.

[213] HUANG Z, ZHU H, BRASS D J. Cross-border Acquisitions and the Asymmetric Effect of Power Distance Value Difference on Long-Term Post-Acquisition Performance [J]. Strategic Management Journal, 2017, 38 (4): 972 -991.

[214] JACK C C H, CHING-WAI C, HANKINS W B, et al. Partisan Conflict, Policy Uncertainty and Aggregate Corporate Cash Holdings [J]. Journal of Macroeconomics, 2018, 58: 78 -90.

[215] JENS C E. Political Uncertainty and Investment: Causal Evi-

dence from U. S. Gubernatorial Elections [J]. Journal of Financial Economics, 2017, 124: 563 -579.

[216] JULIO B, YOOK Y. Political Uncertainty and Corporate Investment Cycles [J]. Journal of Finance, 2012, 67 (1): 45 -83.

[217] JURADO K, LUDVIGSON S C, NG S. Measuring Uncertainty [J]. American Economic Review, 2010, 2 (1): 2 -7.

[218] KANG J K. The International Market for Corporate Control: Mergers and Acquisitions of U. S. Firms by Japanese Firms [J]. Journal of Financial Economics, 2004, 34 (3): 345 -371.

[219] KAPOOR R, FURR N R. Complementarities and Competition: Unpacking the Drivers of Entrants' Technology Choices in the Solar Photovoltaic Industry [J]. Strategic Management Journal, 2015, 36 (3): 415 - 436.

[220] KIM J B, ZHANG L D. Financial Reporting Opacity and Expected Crash Risk: Evidence from Implied Volatility Smirks [J]. Contemporary Accounting Research, 2014, 31 (3): 851 -875.

[221] KOGUT B, ZANDER U. Knowledge of the Firm and the Evolutionary Theory of the Multinational Corporation [J]. Journal of International Business Studies, 1993, 34 (6): 516 -529.

[222] KOLSTAD I, WIIG A . What Determines Chinese Outward FDI? [J]. Journal of World Business, 2012, 47 (1): 26 -34.

[223] LEE K H. Cross-border Mergers and Acquisitions amid Political Uncertainty: A Bargaining Perspective [J]. Strategic Management Journal, 2018, 39 (11): 2992 -3005.

[224] LE Q V, ZAK P J. Political Risk and Capital Flight [J]. Journal of International Money and Finance, 2006, 25 (2): 308 -329.

[225] LI H B, ZHOU L A. Political Turnover and Economic Performance: The Incentive Role of Personnel Control in China [J]. Journal of Public Economics, 2005, 89 (9 -10): 1743 -1762.

[226] LIU C, WANG W, WU Q. Transportation Infrastructure, Competition and Productivity: Theory and Evidence from China [J]. Economics Letters, 2019, 174: 74 -77.

[227] LIU X L, SHU H B, WEI KCJ. The Impacts of Political Uncertainty on Asset Prices: Evidence from The Bo Scandal in China [J]. Journal of Financial Economics, 2017, 125 (2): 286 -310.

[228] LOAYZA N V, LUIS SERVÉN. Business Regulation and Economic Performance [J]. World Bank Publications, 2013.

[229] LONG C X. Does the Rights Hypothesis Apply to China? [J]. Journal of Law and Economics, 2010, 53 (4): 629 -650.

[230] MALATESTA P H. The Wealth Effect of Merger Activity and the Objective Functions of Merging Firms [J]. Journal of Financial Economics, 1983, 11 (1 -4): 155 -181.

[231] MARTIN K J, MCCONNELL J J. Corporate Performance, Corporate Takeovers, and Management Turnover [J]. Journal of Finance, 2012, 46 (2): 671 -687.

[232] MARTYNOVA M, RENNEBOOG L D R. What Determines the Financing Decision in Corporate Takeovers: Cost of Capital, Agency Problems or the Means of Payment? [J]. Journal of Corporate Finance, 2009, 15 (3): 290 -315.



[233] MOELLER S B, SCHLINGEMANN F P, STULZ R M. Firm Size and the Gains from Acquisitions [J]. Journal of Financial Economics, 2004, 73 (2): 201 -228.

[234] NGUYEN N H, PHAN H V. Policy Uncertainty and Mergers and Acquisitions [J]. Journal of Financial and Quantitative Analysis, 2017, 52 (2): 613 -644.

[235] OZTURK E O, SHENG X S. Measuring Global and Country-Specific Uncertainty [J]. Journal of International Money and Finance, 2017, 88 (11): 276 -295.

[236] PENG M W, SUN S L, Pinkham B, et al. The Institution-Based View as a Third Leg for a Strategy Tripod [J]. Academy of Management Perspectives, 2009, 23 (3): 63 -81.

[237] PENG M W. Towards an Institution-Based View of Business Strategy [J]. Asia Pacific Journal of Management, 2002, 19 (2 -3): 251 -267.

[238] PHAM A V. Political risk and cost of equity: The Mediating Role of Political Connections [J]. Journal of corporate finance, 2019, 56: 64-87.

[239] PINDYCK R S, SOLIMANO S. Economic Instability and Aggregate Investment [J]. Nber Macroeconomics Annual, 1993, 8 (8): 259-303.

[240] RAU R, VERMAELEN T. Glamour, Value and the Post-Acquisition Performance of Acquiring Firms [J]. Journal of Financial Economics, 1996, 49 (2): 223-253.

[241] ROLL R. The Hubris Hypothesis of Corporate Takeovers [J]. The Journal of Business, 1986, 59 (2): 437-467.

[242] SHA Y Z, KANG C L, WANG Z L. Economic Policy Uncertainty and Mergers and Acquisitions: Evidence from China [J]. Economic Modelling, 2020, 89: 590-600.

[243] SINGH H, MONTGOMERY C A. Corporate Acquisition Strategies and Economic Performance [J]. Strategic Management Journal, 1987, 8 (4): 377-386.

[244] STERN N. A Strategy for Development [M]. Washington: World Bank Publications, 2002.

[245] WORLD BANK GROUP. Doing Business 2020 [R]. The World Bank, 2019.

[246] WU J G, KONG D, WU Y, KONG D M. When to Go Abroad: Economic Policy Uncertainty and Chinese Firms' Overseas Investment [J]. Accounting and Finance, 2018, 60 (2): 1435-1470.

[247] XU N, CHEN Q, XU Y, et al. Political uncertainty and Cash Holdings: Evidence from China [J]. Journal of Corporate Finance, 2016, 40: 276-295.